公共关系学简明教程

(修订本)

廖为建 著

中山大学出版社

公共关系学简明教程（修订本）

廖为建 著

*

中山大学出版社出版发行

（地址：广州市新港西路 135 号）

广东新华发行集团股份有限公司经销

广州家联印刷有限公司

787 毫米 × 1092 毫米　32 开本　10 印张　22.5 万字

1989 年 1 月第 1 版　　1993 年 4 月第 2 版

2017 年 10 月第 56 次印刷

印数：865001 - 870000 册

ISBN 978 - 7 - 306 - 00715 - 5

定价：15.00 元

如发现因印装质量问题影响阅读，请与出版社发行部联系调换

1994年优秀粤版畅销书
1995年中南地区大学出版社优秀畅销书
1995年全国教育读物优秀畅销书
1996年获第三届"国家教委优秀教材"中青年奖

目 录

第一章 公共关系的概念和涵义……………………（1）
　第一节 公共关系的定义……………………………（1）
　　一、公共关系定义的五个要点……………………（1）
　　二、国外关于公共关系的定义……………………（4）
　第二节 "公共关系"的几层涵义…………………（6）
　　一、公共关系状态…………………………………（6）
　　二、公共关系活动（实务）………………………（8）
　　三、公共关系观念…………………………………（9）
　　四、公共关系学……………………………………（10）
　第三节 相关的学科概念与实践范畴辨析…………（12）
　　一、人际关系和人群关系…………………………（12）
　　二、交际、宣传等范畴……………………………（14）
　思考题…………………………………………………（16）
第二章 公共关系的历史和发展……………………（18）
　第一节 公共关系的起源和发展
　　一、现代公共关系的起源…………………………（18）
　　二、现代公共关系的发展…………………………（23）
　第二节 公共关系兴起和发展的一般社会
　　　　　历史条件……………………………………（26）
　　一、民主政治的发展………………………………（26）

二、市场经济的发展 …………………………………… (26)
　　三、大众传播的发展 …………………………………… (27)
　思考题 ……………………………………………………… (28)
第三章　公共关系的功能及应用范围 ……………………… (29)
　第一节　公共关系的功能 ………………………………… (29)
　　一、信息功能 …………………………………………… (29)
　　二、参谋功能 …………………………………………… (31)
　　三、宣传功能 …………………………………………… (33)
　　四、协调功能 …………………………………………… (34)
　　五、服务功能 …………………………………………… (36)
　第二节　公共关系的应用范围 …………………………… (38)
　　一、公共关系的主要应用领域 ………………………… (38)
　　二、公共关系应用的发展趋势 ………………………… (41)
　思考题 ……………………………………………………… (43)
第四章　公共关系的行为主体 ……………………………… (45)
　第一节　组织分类及公关行为 …………………………… (45)
　　一、组织分类与公关目标和对象 ……………………… (45)
　　二、组织分类与公关行为特征 ………………………… (46)
　第二节　组织的公共关系职能部门 ……………………… (47)
　　一、公共关系职能部门在组织中的性质和地位 ……… (48)
　　二、组织内设公关部的方式和特点 …………………… (50)
　　三、公共关系机构的日常业务 ………………………… (55)
　第三节　专业公共关系公司 ……………………………… (56)
　　一、公共关系公司的类型 ……………………………… (56)
　　二、公共关系公司的经营范围 ………………………… (57)
　　三、专业公共关系顾问的作用和意义 ………………… (58)
　第四节　公共关系人员与全员公关 ……………………… (60)

一、公共关系人员的日常工作 …………………… (60)
　　二、公共关系人员的基本条件 …………………… (61)
　　三、公共关系人员的职业行为准则 ……………… (63)
　　四、全员PR管理 ………………………………… (65)
　思考题 ………………………………………………… (67)
第五章　公共关系的对象 ……………………………… (68)
　第一节　公众及其分类 ……………………………… (68)
　　一、"公众"的涵义 ……………………………… (68)
　　二、公众分类的方法 ……………………………… (70)
　第二节　目标公众分析举要 ………………………… (74)
　　一、内部公众 ……………………………………… (74)
　　二、顾客公众 ……………………………………… (76)
　　三、媒介公众 ……………………………………… (78)
　　四、政府公众 ……………………………………… (80)
　　五、社区公众 ……………………………………… (81)
　　六、名流公众 ……………………………………… (83)
　　七、国际公众 ……………………………………… (84)
　思考题 ………………………………………………… (86)
第六章　公共关系传播与媒介 ………………………… (87)
　第一节　传播及其基本要素 ………………………… (87)
　　一、"传播"的涵义 ……………………………… (87)
　　二、传播的基本要素 ……………………………… (89)
　第二节　传播的基本方式及其特点 ………………… (91)
　　一、个体自身的传播 ……………………………… (92)
　　二、人际传播沟通 ………………………………… (92)
　　三、小团体传播 …………………………………… (94)
　　四、组织传播 ……………………………………… (95)

五、公众传播 …………………………………… (96)
　　六、大众传播 …………………………………… (97)
　第三节　公共关系传播媒介 ……………………… (98)
　　一、大众传播媒介 ……………………………… (99)
　　二、其他传播媒介举要 ………………………… (103)
　第四节　传播效果及其制约条件 ………………… (107)
　　一、最佳的传播者条件 ………………………… (107)
　　二、良好的信息制作方式 ……………………… (108)
　　三、尊重受众的选择权 ………………………… (109)
　　四、注意环境气氛的影响 ……………………… (110)
　　五、完善传播沟通的技巧 ……………………… (110)
　思考题 ……………………………………………… (111)
第七章　公共关系的工作程序 ……………………… (113)
　第一节　公共关系调查——形象分析 …………… (113)
　　一、自我形象分析 ……………………………… (113)
　　二、实际形象分析 ……………………………… (115)
　　三、形象差距比较 ……………………………… (119)
　第二节　公共关系策划——形象设计 …………… (121)
　　一、组织形象的构成 …………………………… (121)
　　二、形象设计的特性与原则 …………………… (123)
　　三、形象策划中的公众研究 …………………… (125)
　　四、公共关系计划和预算 ……………………… (130)
　第三节　公共关系实施——形象传播 …………… (133)
　　一、应用传播沟通媒介的原则 ………………… (134)
　　二、确定与选择公共关系活动的方式 ………… (136)
　第四节　公共关系检测——形象评估 …………… (139)
　　一、公关形象效果检测 ………………………… (139)

二、公关年度工作报告…………………………………（139）
　　三、公关社会效益评价…………………………………（140）
　　四、新闻舆论分析报告…………………………………（142）
　　五、公共关系广告效果的测量…………………………（144）
　思考题………………………………………………………（145）
第八章　公共关系实务（一）：公共关系调查………（147）
　第一节　抽样调查…………………………………………（147）
　　一、确定调查目的和方案………………………………（148）
　　二、确定调查人口的总体………………………………（148）
　　三、抽　样………………………………………………（148）
　　四、设计问卷……………………………………………（153）
　　五、调查访问……………………………………………（155）
　　六、整理资料数据………………………………………（157）
　　七、撰写调查报告………………………………………（157）
　第二节　其他调查方法……………………………………（158）
　　一、文献资料剪辑检索…………………………………（158）
　　二、公共关系效果审查…………………………………（158）
　　三、市场意见征询………………………………………（159）
　　四、公众意见征询………………………………………（160）
　　五、公共关系预测………………………………………（161）
　思考题………………………………………………………（162）
第九章　公共关系实务（二）：公共关系宣传………（163）
　第一节　公共关系新闻宣传………………………………（163）
　　一、新闻传播的特点……………………………………（164）
　　二、准备新闻资料………………………………………（164）
　　三、策划新闻事件………………………………………（167）
　　四、记者招待会与新闻发布会…………………………（168）

五、新闻界沟通的要点……………………………………(170)
第二节　公共关系广告宣传…………………………………(173)
　　一、公共关系广告的特点…………………………………(173)
　　二、公共关系广告的类型…………………………………(174)
　　三、做好公共关系广告的原则……………………………(175)
第三节　印刷品宣传…………………………………………(176)
　　一、公共关系报刊…………………………………………(176)
　　二、小册子和书籍…………………………………………(178)
　　三、其他印刷品……………………………………………(178)
第四节　组织识别系统：CI传播……………………………(179)
　　一、组织识别系统的传播特点和功能……………………(179)
　　二、组织识别系统的内容…………………………………(180)
第五节　其他宣传方式………………………………………(181)
　　一、影视宣传………………………………………………(181)
　　二、实物宣传………………………………………………(183)
　　三、人员宣传………………………………………………(183)
　思考题…………………………………………………………(183)

第十章　公共关系实务（三）：公共关系交际……………(184)
第一节　公关交际事务的若干形式…………………………(184)
　　一、接待工作………………………………………………(184)
　　二、会见与会谈……………………………………………(187)
　　三、签字仪式………………………………………………(192)
　　四、宴请形式………………………………………………(193)
　　五、其他社交形式…………………………………………(201)
第二节　若干社交礼节………………………………………(202)
　　一、见面时的礼节…………………………………………(202)
　　二、交谈时的礼节…………………………………………(204)

三、出席宴请的礼节……………………………………（206）
　思考题……………………………………………………（208）
第十一章　公共关系实务（四）：综合性的
　　　　　　公共关系活动……………………………（210）
　第一节　展览会………………………………………（210）
　　一、展览会的传播特点…………………………………（210）
　　二、展览会的类型………………………………………（211）
　　三、展览会的组织与实施………………………………（212）
　第二节　开放参观日…………………………………（214）
　　一、对外开放参观的接待对象…………………………（214）
　　二、开放参观的内容……………………………………（215）
　　三、开放参观活动的组织与安排………………………（215）
　第三节　赞助活动……………………………………（216）
　　一、举办赞助活动的目的………………………………（216）
　　二、赞助活动的类型……………………………………（217）
　　三、实行赞助的原则……………………………………（218）
　　四、实施赞助活动的程序………………………………（219）
　第四节　特别节目……………………………………（220）
　　一、特别节目的题材与形式……………………………（221）
　　二、筹划特别节目的注意事项…………………………（223）
　第五节　社会服务……………………………………（224）
　　一、消费教育和引导……………………………………（224）
　　二、销售服务……………………………………………（225）
　　三、消费者的系列化……………………………………（225）
　第六节　危机处理……………………………………（226）
　　一、对事件的调查与判断………………………………（276）
　　二、处理事件的宗旨和基本方针………………………（227）

三、处理危机事件的基本对策……………………（227）
思考题……………………………………………………（230）
附录一 《公共关系学简明教程》练习与答案………（231）
附录二 部分参考书目……………………………（311）
新版后记………………………………………………（312）

第一章 公共关系的概念和涵义

本章要点：介绍公共关系的定义和公共关系学中的主要概念与范畴，分析若干与公共关系密切联系又有区别的相关学科概念或实践范畴，以便在概念上说明公共关系的确切涵义。

第一节 公共关系的定义

一、公共关系定义的五个要点

"公共关系"一词源于英文的 Public Relations（缩写 PR），中文译为"公众关系"更为确切。因为这个名词实质上指的就是组织机构与公众环境之间的沟通与传播关系。比较完整的定义可以这样表述：

公共关系（公众关系）即组织在经营管理中运用信息传播沟通媒介，促进组织与相关公众之间的双向了解、理解、信任与合作，为组织机构树立良好的公众形象。

这一定义包含了"公共关系"这一概念的五个基本要点：

第一，公共关系的行为主体是组织机构。公共关系是一种组织的关系、组织的活动、组织的职能。任何组织在其生存、发展过程中必然会与各类公众形成一定的关系；处理和协调这种关系的行为便是组织的公共关系活动;将这种活动纳入管理的轨道,有计划、有组织地去进行便构成组织的一种经营管理职能。必须从组织的层次、管理的层次去认识和理解公共关系,这是第一个要点。

第二,公共关系的沟通对象是相关公众。公共关系指的是一个组织机构与它的公众之间的相互关系,因此组织公共关系活动的对象便是与组织相关的公众,即影响和制约着组织的生存和发展、组织必须与之保持良好沟通的个人、群体和组织的总和。"公众"构成组织的一种特定环境,任何组织机构的发展和成功都有赖于良好的公众环境,都需要得到公众和舆论的认可和支持。公共关系便是协调各种公众关系,争取公众舆论支持,创造良好的公众环境的一种工作,这是理解公共关系的第二个要点。

第三,公共关系的工作手段是传播沟通媒介。公共关系作为一种组织的经营管理方法,主要运用各种信息传播媒介去建立和维持组织与公众之间的有效沟通。广泛地应用各种形式的人际沟通媒介和大众传播媒介,去了解和影响公众的意见、态度和行为,成为公共关系活动的主要特色。这一特色使公共关系活动与生产活动、销售活动、财务活动、行政人事活动等其他的组织管理活动区别开来,它既不能代替这些活动,也不能被这些活动所取代。公共关系专门运用传播沟通媒介来处理组织与公众之间的关系,这是第三个要点。

第四,公共关系的本质是双向的信息交流。作为一种关系,公共关系有别于各种具体的政治关系、经济关系、行政关系、法律关系、家庭伦理关系等等,它特指组织与公众之间的信息交流关系。这种关系渗透在组织的各种具体关系之中,因此任何性质的组织活动都存在公共关系的问题。但是对于公共关系的理解不能过于宽泛，它不是某种具体关系本身（如有别于具体的市场销售关系等），而只是在实现某种具体关系的时候相伴随的传播沟通关系。即通过双向的信息传播与沟通，去达成组织与具体关系对象（如消费者、顾客）之间的相互了解、理解、信任与合作，以促成具体关系（如销售关系）的顺利发展。所以，无论是政府公共关系还是企业公共关系，其实质都是组织与公众之间的双向信息交流关系，这是正确理解公共关系的第四个要点。

第五，**公共关系的目标是为组织机构树立良好的公众形象**。公共关系与具体的人、财、事、物的管理不同，它的经营管理内容是组织的声誉和形象，可以视作为一种形象管理的职能或艺术。形象和声誉作为一种无形财富、无形资产不同于有形的产品、设备、资金和人力，不能单纯用技术的、经济的、行政的方法来管理，而必须借助于公共关系特有的传播沟通的方法来处理；组织的形象和声誉不是由组织自己主观认定的，而是由公众来认可和评价的，因此与公众建立和保持良好的沟通，赢得公众的了解、理解、信任和支持，既是组织塑造良好形象的前提和过程，又是组织具有良好形象的标志和结果。公共关系的传播活动区别于其他传播活动的特征之一就是以塑造组织形象为目标，这是理解公共关系概念的第五个要点。

从公共关系定义的这五个要点可以看出，"组织"、"媒介"、"公众"、"双向沟通与传播"、"形象"这几个概念是公共关系学中的基本概念。在后面的有关章节中，这些概念将会得到进一步的分析和论述。

二、国外关于公共关系的定义

公共关系学是一门综合性的应用学科,在理论上涉及不同的学科,在实践上被应用于不同的领域。人们从不同的学科或实践角度,对公共关系的定义提出过种种不同的表述。下面列举国外一些公关组织或学者的定义供参考。

美国公共关系协会(Public Relations Society of America)征询了2 000多名公共关系专家的意见,从中选出四则定义:

"公共关系是企业管理机构经过自我检讨与改进后,将其态度公诸社会,借以获得顾客、员工及社会的好感和了解这样一种经常不断的工作。"

"首先,公共关系是一个人或一个组织为获取大众之信任与好感,借以迎合大众兴趣而调整其政策与服务方针的一种经常不断的工作。其次,公共关系是将此种已调整的政策与服务方针加以说明,以获致大众了解与欢迎的一种工作。"

"公共关系是一种技术,此种技术在于激发大众对于任何一个人或一个组织的了解而对之产生信任。"

"公共关系是工商管理机构用以测验大众态度,检查本企业的政策与服务方针是否得到大众的了解与欢迎的一种职能。"

美国《公共关系新闻》(Public Relations News)认为:"公共关系是一种管理当局的职能,这种职能是估量公众态度,使一个机构的政策与程序和公众利益一致,并执行一连串有计划的行为以赢得公众的了解和接受。"

英国公共关系学会(British Institute of Public Relations)所下的定义是:"公共关系的实施是一种积极的、有计划的以及持久的努力,以建立及维护一个机构与其公众之间的相互了解。"

国际公共关系协会(International Public Relations Association)曾提出这样一个定义:"公共关系是一项经营管理的功能,属于一种经常性与计划性的工作,不论公私机构或组织,均通过它来保持与其相关的公众之了解、同情和支持,亦即审度公众的意见,使本机构的政策与措施尽量与之配合,再运用有计划的大量资料,争取建设性的合作,而获致共同利益。"

1978年8月8日至10日,在墨西哥城召开的世界公共关系协会大会上通过了如下定义:"公共关系的实施是分析趋势、预测后果,向组织领导人提供咨询意见,并履行一系列有计划的行动以服务于本组织和公众共同利益的艺术和社会科学。"

美国贝逊企业管理学院公共关系学系主任康菲尔德(B. R. Canfield)认为:"公共关系是一种管理哲学,即在所有决策和行动上,都以公众利益为前提。此项原则应厘定于政策中,向社会大众阐扬,以获得谅解与信任。"

美国普林斯顿大学蔡尔滋教授(H. L. Chils)认为:"公共关系是我们所从事的各种活动,所发生的各种关系的通称——这些活动与关系都是公众性的,并且都有其社会意义。""公共关系是为了公众的利益,协调和修正我们个人和企业那些具有社会意义的行为。"

美国著名公关权威卡特利普和森特(Scott M. Cutlip & Allen H. Center)认为:"公共关系是这样一种管理功能,它确定、建立和维持一个组织与决定其成败的各类公众之间的互益关系。"

英国著名的公关学者弗兰克·杰夫金斯 (Frank Jefkins)指出:"公共关系就是一个组织为了达到与它的公众之间相互

了解的确定目标,而有计划地采用一切向内和向外的传播沟通方式的总和。"

长期从事公关研究的美国学者雷克斯·哈罗博士(Rex L. Harlow)分析了472个定义后提出了一个特别详尽的定义:"公共关系是一种独特的管理职能。它帮助一个组织建立并维持与公众之间双向的交流、理解、认可与合作;它参与处理各种问题与事件;它帮助管理者及时了解公众舆论,并对之作出反映;它确定并强调管理部门为公众利益服务的责任;它作为社会发展趋势的监视系统,帮助管理者掌握、并有效地利用社会变化,保持与社会变动同步;它运用健全的、正当的传播技能和研究方法作为主要的工具。"

各种定义的表述虽然不尽一致,但基本精神是一致的:在现代社会,任何组织的生存和发展都离不开公众和舆论的支持。公共关系就是协调各种公众关系,争取社会舆论支持的一种传播沟通活动。

第二节 "公共关系"的几层涵义

理解"公共关系"这个概念还需要了解它通常所包含的几层不同的涵义,即"公共关系状态"、"公共关系活动(实务)"、"公共关系观念"和"公共关系学"。

一、公共关系状态

"公共关系"是一种客观的社会状态。从纵向的历史角度看,它与人类组织和群体活动相伴随,源远流长;从横向的社会角度看,任何性质的组织机构都处在某种公共关系状态之中,无一例外。因此,"公共关系"是一种客观的社会现象,是不以人的意志为转移的：不管人们认识还是不认识、承认还是不承认、喜欢还是不喜欢，公共关系作为一种社会状态总是客观存在的，早在"公共关系"这个概念出现之前它就存在了。

那么，什么是"公共关系状态"呢？任何组织都处在特定的公众环境之中，公共关系状态指的就是组织在公众环境之中特定的情形和状况，具体包括组织的**社会关系状态**和**公众舆论状态**两个方面：

社会关系状态指组织机构与其相关的公众对象之间相互交往和共处的情形与状况。如"密切还是疏远"，"融洽还是紧张"，"合作还是竞争"，"友好还是敌对"等等。

公众舆论状态指公众舆论对组织机构的反映和评价的情形与状况。比如对组织的政策、行为或产品的评价和态度"热烈还是冷淡"，"赞扬还是批评"，"喜欢还是讨厌"等等。

任何一个组织从产生那天起，就处在一定的社会关系状态和公众舆论状态之中，它制约着组织的生存和发展，任何组织都不能漠视它。良好的公共关系状态有助于组织的生存和发展；恶劣的公共关系状态则有害于组织的生存和发展。一个组织的公共关系活动总是针对其特定的公共关系状态来进行的，同时以形成、维持或改变某种特定的公共关系状态为目的，因此公共关系状态是组织公关活动的基础和结果：一方面，公共关系活动总是在特定的社会关系状态和公众舆论状态的基础上展开；另一方面公共关系活动又必然影响和造成一定的社会关系状态和公众舆论状态。认识公共关系状态的客观性是开展公共关系活动的前提。

二、公共关系活动（实务）

"公共关系"是人类一种特殊的社会实践活动，实际上，当人们有意识地、自觉地采取行动去改善自己的公共关系状态的时候，就是在从事公共关系活动。公共关系活动也不是现代才有的。自古以来，人们为着某种经济目的、政治目的、军事目的、文化目的等等而从事相关的经济活动、政治活动、军事活动、文化活动的同时，也在自觉或不自觉地从事着某种公共关系活动，即设法争取别人对自己的了解和支持。这种活动开展得好不好，往往直接影响着人们各种具体目标的实现。在现代社会尤其如此，人们日益将公共关系活动视作争取事业成功的重要手段。

所谓公共关系活动，即运用信息媒介和传播沟通艺术，协调组织的社会关系，影响组织的公众舆论，塑造组织的良好形象，优化组织的公众环境的一系列公共关系实务工作。

"公共关系活动"也可以指自发的、日常的沟通与传播行为，如日常交往中如何礼貌待人、友好相处等等。但现代公共关系活动已经形成为一系列比较规范和专业化的管理实务，包括公关调查、公关咨询、公关策划、公关宣传、公关交际、公关服务以及各种公关特别节目等等。因此，"公共关系活动"主要指作为组织一种经营管理行为的"公共关系实务"。

应该说，具有公共关系特性的活动自古就有了。既然公共关系状态是客观存在的，那么围绕某种公关状态而展开的公关活动也是客观存在的，只是没有直接称之为"公共关系"而已。但是，将公共关系上升为一种经营管理职能和方法，形成为专业化或职业化的实务工作，则是现代社会的产物。这标志着人们的公关行为从自发到自觉、从无意识到有意识、从经验到科学。当人们用"公共关系"这一概念去界定自己的这种传播沟通行为的时候,已经是一种质的飞跃:说明公共关系活动已经定型为有别于人类其他活动形式的一种特殊的实践活动,说明人们对这种活动的价值已给予应有的认可和重视。认识"公共关系"是一种现代组织的经营管理实务,是进一步将公共关系理解为一门科学的前提。

三、公共关系观念

还可以将"公共关系"理解为一种意识、观念和文化,即客观的公共关系状态和能动的公共关系活动在人们思维中的反映,并以观念和文化的形式,构成经营管理中的一种价值观念、行为准则和道德规范。它影响和指导着个人或组织决策与行为的选择取向,从而反作用于人们的公关活动,并间接影响着实际的公关状态。

当人们自觉地意识到公共关系状态的客观性和公共关系活动的重要性时,便会形成一定的公关意识或公关观念,包括形象意识、公众意识、传播意识、协调意识、互惠意识等等。

形象意识指在决策和行为中高度重视声誉和形象,将良好的形象视作珍贵的无形财富,重视形象投资、形象管理、形象塑造和形象竞争,将树立和维护良好的形象作为重要的战略目标。公众意识即认为没有公众的支持就不可能生存和发展,事业就不可能成功,因此自觉地将公众的意愿和利益作为决策和行动的依据,将了解公众、顺应公众、满足公众、服务公众作为重要的经营管理原则。传播意识表现为重视信息的双向沟通,主动地运用各种传播媒介和沟通方式去建立相互之间的了解、理解、信任与好感,不放弃任何传播的机会去影响公众、引导公众和争取公众,为事业的发展创造"人和"的舆论气氛。协调意识即主张统一与调配矛盾的双方或各个要素,使它们之间达到平衡、一致、融洽与和谐的状态,如追求组织目标与公众需求的一致,营利性与社会性的平衡,眼前效果与长远效益的统一,内部关系与外部关系的和谐等等。互惠意识则是主张关系的双方在交往或合作中应该共同获益、共同发展,将平等互利作为处理各种关系的行为准则,认为凡是有损于自己关系对象的事情最终必将损害自己,因此维护关系对象的利益也就是维护自身的利益,只有互利互惠的关系才是最稳定、最可靠的关系。

除此之外,公共关系观念还包括团队意识、整体意识、创新意识、服务意识等等。

具备公共关系的观念意识不仅是对专业公关人员的要求,而且是对所有管理者及工作人员的要求。一个政府上至首脑下至一般的公务人员,一个企业上至总经理下至每一位职工,一所学校上至校长下至每一位教师、学生,总之任何一个组织的全体人员,都需要具备现代的公共关系观念意识,才能适应现代日益开放、日益多元化、日益信息化的社会环境。特别是组织的决策者和管理者,是否具备良好的公关意识,将决定着组织公共关系工作的成败。

四、公共关系学

"公共关系"这一概念也可以指公共关系学科。公共关系学是以公共关系的客观现象和活动规律为研究对象的一门综合性的应用学科;或者说,公共关系学是研究组织与公众之间传播与沟通的行为、规律和方法的一门学科。其研究内容主要包括：公共关系的基本概念与涵义、公共关系产生和发展的历史、公共关系的行为主体及其功能、公共关系的对象、公共关系的媒介、公共关系的管理程序、公共关系的实务活动，以及公共关系的职业道德和法律制约等。

由于公共关系学主要研究组织的传播沟通行为，因此与经营管理学和传播学有着密切的联系，可以说是现代组织经营管理学与传播学相结合的一个学科范畴（见图1-1）：研究组织（及产品）形象管理与推广中的传播沟通问题；或者说，用现代传播沟通的理论和方法来处理经营管理中的组织形象问题。从组织经营管理的角度看，它是一种"传播管理"（形象管理），有别于生产、财务、人事等其他管理专业；从传播学的角度看，它属于"组织传播"（包括市场传播），有别于人际传播、大众传播等其他传播领域（公关实践中也要应用人际传播和大众传播方式，但其行为主体是组织，因此定位于组织传播）。

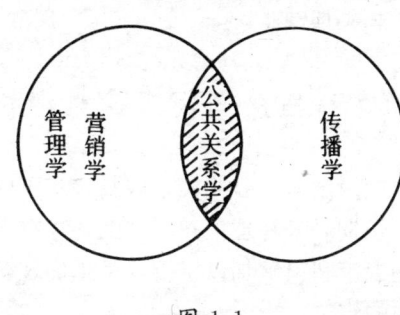

图 1-1

公共关系学的形成和发展说明，现代经营管理理论不仅要研究人、财、物等有形资源的管理，也要研究形象和声誉等无形财富的管理；不仅涉及技术、经济、行政等硬手段的研究，也涉及传播、沟通等软方法的研究。这是经济、政治管理进入全球时代、信息时代的一个特征。

通过以上分析便可以理解"公共关系"这一概念所表达的几种不同涵义：状态、活动、观念、学科。任何机构和个人都处在一定的公关状态之中；公关状态的改善有赖于公关活动的成功；公关活动的成败相当程度上又取决于公关意识的确立和公关科学理论的指导。因此这几种涵义不能够相互割裂，必须紧密地统一起来理解。

第三节 相关的学科概念与实践范畴辨析

作为一门综合性的应用学科，公共关系涉及许多不同的学科领域和实践范畴，长期以来在理论和实践上均存在着许多混淆或误解。对这些混淆和误解加以辨析，是正确理解公共关系这个概念所必须的。

一、人际关系和人群关系

在研究"关系"的学科中，容易将公共关系与人际关系和人群关系相混淆，因此需要了解它们之间的联系和区别。

（一）人际关系 (Interpersonal Relations)

"人际关系"这个概念属于社会心理学范畴，主要指个人在社会交往中形成的人与人之间的相互作用和相互影响。即从个体关系的角度概括人的各种社会关系，包括个人在生活、生产及其他社会活动中形成的一切人与人之间的关系。

公共关系与人际关系有密切联系。从内容方面说，公共关系包括了部分人际关系，主要是个人因组织的角色而形成的那部分人际关系（如公关经理与记者、推销员与顾客）；实际上，公众对象中包括了许多个体对象。从方法方面说，公共关系实务工作离不开各种人际传播的方法，要求公关人员具备较强的人际沟通能力;良好的个人关系必有助于组织公共关系的成功。

公共关系与人际关系又有区别。首先,公共关系的行为主体是组织,人际关系的行为主体是个人;其次,公共关系的对象是与组织相关的公众及其舆论,人际关系则包含大量与组织无关的私人关系;再次,公共关系是一种组织的管理活动与职能,人际关系中则主要靠个人的交际技巧和能力;最后,公共关系十分强调运用公众传播和大众传播的方式作远距离、大范围的沟通,人际关系则比较局限于面对面、个体对个体的交流方式。可见,公共关系虽然与人际关系有关,但不等于人际关系。

(二) 人群关系 (Human Relations)

"人群关系"这一概念属于管理心理学、行为科学的范畴,主要指群体内部活动和组织管理过程中人与人、人与群体和组织的关系。即从管理的角度,研究群体内部人的需要、动机、态度、行为及相互关系对组织效率、群体活力的影响。"人群关系论"作为一种管理理论,强调把人以及人与人的关系作为管理的重点,可以说是一种"管理中的人际关系学"。

公共关系与人群关系有一定的联系。良好的内部关系是公共关系的基础,内部关系的协调也是公共关系实务工作的内容。同时,公共关系学也要借助行为科学的理论和方法来分析公众心理和行为,科学地处理公众关系。

公共关系与人群关系又有明显的区别。首先,公共关系不局限于组织和群体内部的传播沟通,它包括大量的外部关系,面对复杂的社会公众环境;其次,公共关系不局限于管理现场直接面对的群体关系和个人关系,而需特别关注不直接见面的、远距离的公众对象,以及重视公众环境的长远变化和发展趋势。也就是说,公共关系需要兼顾内部和外部、眼前和未来的关系。可见,虽然公共关系和人群关系同属组织管理范畴,但它比人群关系的内容更复杂、范围更宽广。

二、交际、宣传等范畴

公共关系在实践中还容易被视作为交际、宣传等活动的同义语,也需要简要了解其关系。

1. 交际。指人与人面对面或借助于个人媒介进行的直接交往和沟通,即人际沟通,是公共关系的传播方式之一,但不是主要的、更不是唯一的手段,因此不可以将交际等同于公关。公共关系需要面对大范围的社会公众,因此在实践中更倚重于各种公众传播和大众传播的手段。

2. 宣传。宣传主要是一种单向的心理诱导、行为影响和舆论控制方式。公共关系实践要借助各种宣传手段去影响公众,这种宣传是以对公众的了解和尊重客观事实为前提的,不能够"只报喜不报忧";公关的传播特点是双向沟通,不是单向的传输行为,因此单一的宣传绝不等同于公关。

3. 广告。广告是一种"付费传播",即广告主花钱购买传播媒体(如报纸的版面、电视的播出时间)的使用权,利用它对公众进行自我宣传,主观性比较强。公共关系在特定的情况下也运用广告方式向公众提供信息,提高组织的知名度,但这仅仅是公关宣传的一种手段,不是唯一的手段。为了获得比较客观的传播效果,公共关系比较重视运用"新闻报道"等其他比较客观的传播途径,以利于提高信息的可信度。将公共关系视作"免费广告"是不正确的。

4. 营销。营销是企业以等价交换为特征的市场交易活动,即通过提供某种产品满足顾客的某种需求,以换取某种对企业有价值的东西。公共关系虽然也可以看作是一种满足公众需求的交换活动,但满足的是相互了解、理解、信任的需求,交流的是信息、观点、感情等。公共关系活动不直接推销产品,不直接满足对象的物质需求;但良好的公共关系必有助于市场营销工作,能间接为企业和公众双方带来利益与好处。不过,公共关系不直接推销产品,不仅仅处理顾客关系,把它视为推销手段是不合适的。

5. 新闻代理。指通过媒介关系进行报刊宣传,以吸引公众注意力和建立知名度的一种公关宣传形式。早期的公共关系是从新闻代理活动中延伸出来的;当今的公关人员在从事公关宣传时,也常运用策划媒介事件、创造"新闻热点"的方法。但现代公共关系双向传播的思想与早期单一新闻代理的做法已产生本质的区别。尤其要指出的是,新闻媒介关系并不是公共关系的唯一关系;单纯依赖新闻渠道是难以实现公关传播目的的。

6. 公共事务。主要指一个组织与政府部门、公共政策、公众利益、社区事务相关的活动。政府、社会团体、非盈利机构的公关工作,常常使用公共事务这一概念,以示有别于盈利部门的公关工作。企业公关工作也常用公共事务这一概念去涵盖非盈利的公关事务。所以说,公共事务仅仅是公共关系工作的一部分,用它来等同于公共关系是片面的。

7. 论题处理。或称作"问题管理"(Issue Management),是70年代以来国外公共关系领域出现的一个新名词,主要指公关人员对正在出现的问题(特别是将要进入立法程序的、有争议的问题)以及这种问题对组织的潜在影响进行分析、预测并施加影响,帮助组织制定应变的对策和措施。这个概念的出现表明现代公共关系在预测、参谋方面的"超前管理功能"日益突出,需要帮助组织预测分析社会经济、政治、环境等方面的问题,应付复杂的环境变化,以提高组织的社会适应力和应变力。但这个概念的涵盖力还不足以取代现代公共关系的丰富内容。

8. 开发。文化、教育、艺术、福利、慈善、宗教、社团等组织,运用传播的力量去发展会员、筹措经费,往往被称之为公关开发活动。这实际上只是公共关系一个特殊的活动领域。

以上概念和范畴都可以视为广义公共关系功能或方法的一部分。但在学科概念上不应将它们与"公共关系"(Public Relations)相等同或相混淆。在实践中,公共关系的功能与方法还会不断地发展和演变,但其核心内涵,即"信息的双向传播与沟通",不仅不会被模糊和取消,相反将会变得越来越充实,越来越清晰。

思 考 题

1. 什么是"公共关系"?如何理解"公共关系"概念的基本要点?
2. 请认真思考和分析国外各种公共关系定义的异同。
3. 如何理解"公共关系状态"和"公共关系活动"?
4. 现代公共关系观念包括哪些基本内容?
5. 公共关系学研究的对象、内容是什么?
6. "公共关系"与"人际关系"、"人群关系"有什么联系和区别?

7. 思考以下与公共关系实践相关的范畴：交际；宣传；广告；营销；新闻代理；公共事务；论题处理；开发。

第二章 公共关系的历史和发展

本章要点：介绍公共关系产生和发展的基本历史，公共关系思想演变的五个阶段，以及公共关系产生和发展的社会历史条件。

第一节 公共关系的起源和发展

一、现代公共关系的起源

公共关系作为一种职业和学科，最早产生于美国。

(一) 公共关系职业的产生

公共关系职业从孕育到形成，大致经历了半个世纪的时间。通过19世纪中叶至20世纪初美国"报刊宣传活动"的酝酿，"清垃圾运动"的催化，公共关系在美国逐渐形成为一门职业。

19世纪上半叶，随着民主政治的发展，商品经济的繁荣，科学技术的进步，美国的大众传播事业迅速发展。其中一个标志就是30年代出现的"便士报运动"，即报纸以低廉的价格（用1便士便可以买到1份报纸）和通俗的、大众关心的内容去争取大量的读者，使报纸迅速进入千家万户，并成为政府部门和工商企业均不敢忽视、竞相争取的影响大众舆论的一种有力工具。报刊的大众化促进了报刊的商业化,发行量大增促进了广告价格猛涨。为了节省广告费,一些工商企业聘请记者作为自己的新闻代理人,利用媒介进行"免费宣传"。这样,廉价媒介便引发了一场"报刊宣传活动":即组织机构为自身的目的而雇佣报刊宣传员、新闻代理人,在报刊上为本组织进行有利的宣传,以此扩大社会影响。这种"报刊宣传活动"便是公共关系职业化的雏形,因为它在客观上造就了一批商业性的、并逐渐职业化的专业传播人士,即报刊宣传员队伍。他们大多来自新闻界,以自己的大众传播工作经验,为委托人提供比较专业化的公众传播服务。这批人便成为日后的公共关系人员的前身。可以说,美国的公共关系职业是从新闻界中分化出来的,直至今天,许多专业的公关人员都具有大众传播工作的经历。从事新闻工作的人社会交往面广,语言和文字的传播能力较强,并了解大众传播媒介的运作,确实有利于从事专业性的公关服务工作。因此,新闻传播界是造就专业公关人员的温床。但这需要有两个前提:一是大众媒介的充分发展,二是工商企业等组织机构有这方面的社会需要。这两个方面相结合,便促使公共关系行业应运而生。

美国工商企业对公众传播的需要,又是当时美国社会现实矛盾发展造成的。19世纪末,美国资本主义发展进入高度垄断阶段。垄断资本家强取豪夺,激化劳资矛盾,损害社会公益,引起了公众舆论的强烈不满。为此,大众传播界发动了一场旷日持久的"揭丑运动"(又称为"清垃圾运动"和"扒粪运动"),发表了大量严厉谴责企业丑行和暴行的文章或漫画,对工商企业构成了巨大的公众舆论压力,严重影响了企业形象,恶化了企业的社会关系,制约企业的发展。这种情况，迫使工商企业不得不重视公众舆论和社会关系，纷纷求助于传播界，加强与公众的联络，改善自己的形象。由此，公共关系作为争取大众理解、支持的一种组织传播行为，日益职能化，成为企业的一种新型的经营管理功能；同时一种专门向社会各界提供专业性的传播沟通服务，为客户设计形象，矫正失误，缓和矛盾，提高声誉的新兴职业便开始形成了。

美国人艾维·李（Ivy Lee）被视为当时公共关系职业的开创者和代表者。他原来是美国纽约时报的记者，曾担任兼职的报刊宣传员。于1903—1906年与朋友开办了一家宣传顾问事务所，以公共关系的专业方式，为客户提供了许多有成效的传播沟通服务。特别是他提出了意义深远的"公众必须被告知"的原则宣言，奠定了现代公共关系职业行为和职业准则的基础。因此，他所开创的专业传播公司被视作最早的一家公关公司，他本人也被称为"现代公共关系之父"。

（二）公共关系学科的形成

美国公共关系职业和企业组织公共关系职能的形成与发展，客观上推动了公共关系学科的建立和发展。从本世纪20年代开始到50年代，公共关系学在美国发展成为一门独立的学科。美国学者爱德华·伯内斯（Edward Bernays）以其杰出的理论贡献成为公共关系学科化的一名旗手。他曾任记者，并于1913年担任福特汽车公司的公关经理，致力于推动一系列员工和社会服务、社会福利计划，树立了企业承担社会责任的榜样；第一次世界大战期间是美国"公众信息委员会"（美国战时最高公众传播机构）的成员。1923年，他受聘于纽约大学首次讲授公共关系学课程，同年出版了在公共关系学史上被称为第一本公关教科书的《公众舆论的形成》（又译《舆论之凝结》),第一次从学科的角度使用了"公共关系"一词;1952年完成其教科书《公共关系学》,使公共关系的原理和方法系统化、完整化、学科化。公共关系学科的形成,标志了公共关系思想从自发到自觉、从零碎到系统、从经验到科学、从不成熟到成熟的发展。纵观公共关系思想的演变,经历了五个基本阶段:

1. 前期。即自发时期,包括古代时期人类从事各种社会活动中所形成的朴素、自发的公共关系思想,它与人类的其他活动交织在一起,并没有分化出来;人们为着事业的成功,本能地从事各种传播沟通的活动,但却没有形成明确的公共关系意识;或者各种颇具特色的公共关系思想未有达到理论化的程度。

2. 孕育期。从19世纪中叶到20世纪初,即前面所介绍的"报刊宣传活动"时期。这个时期由于传播手段的发展和社会需求的形成,孕育着职业化的公共关系传播思想:一个机构为了自身的生存和发展,需要通过传播沟通去影响公众舆论。但初期的报刊宣传方式偏于为宣传而宣传,有的报刊宣传员为了追求宣传效果甚至不择手段,编造虚假消息,制造哄动效应,不顾事实,愚弄公众。这方面的一个典型人物叫做巴纳姆(Phines T. Barnum),是当时一位知名度很高的报刊宣传员,因宣传推广马戏演出而出名。他为了提高自己的名气,不惜编造了一个离奇的"神话",声称他发现一位160多岁的女黑奴海斯,竟然在100年前养育过美国的第一任总统华盛顿。消息发表后,舆论哗然。他顺势以不同的笔名向报社投寄"读者来信",人为地制造了一场公开讨论。巴纳姆厚颜无耻地认为,只要报刊上没有将他的名字拼错就是胜利。在他看来,"凡宣传皆好事"。这种为了传播者自身利益而愚弄公众的做法，毫无职业道德可言，与现代公共关系思想原则相去甚远，是一种对公众不负责任的单向宣传。

3. 产生期。以艾维·李开创第一家公关公司的《原则宣言》为标志，促使单纯的"报刊宣传"向公共关系转化。在"公众必须被告知"的思想指导下，艾维·李以"讲真话"来建立自己的职业信誉。他明确地主张，一个组织机构要获得良好的声誉，就必须真实地传播，准确无误地向公众提供信息，尊重公众的知晓权，增进公众对组织的正确了解；如果真情的披露会引起不良的后果，就需要根据公众的反应和评价来调整组织的政策与行为。艾维·李教会了工商企业如何用正确的、道德的传播方法去维护和改善自己的形象与声誉；同时，其"诚实传播"的原则奠定了整个公共关系职业道德的基础，并为公共关系这个新兴的行业赢得了声誉。

4. 发展期。即以伯内斯为代表的公共关系学科化时期。这个时期的公关思想不仅在于理论化、系统化，在表述上趋于成熟，而且很重要的在于加强了对公众的研究，开始形成双向传播的观念。伯内斯认为，组织的传播政策和行为要成功，就必须确切地了解自己的公众，"投公众所好"，根据公众的特点和要求来制定传播的政策、计划，实施有的放矢的传播沟通。因此，他促进了对公众舆论、公众心理和行为的研究，强调了调查研究的必要性。与伯内斯同时期的其他公关学者，也同时进行了大量的研究。这个时期产生了大量的公共关系著作，美国的大学里也纷纷开设了这门课程，其热点表现在对公众和舆论的研究方面。可以说，引入公众的研究和形成双向沟通的思想，使公关的研究从此建立在科学的基础之上。

5. 成熟期。经过近30年的发展，到了50年代，"双向传播与沟通"开始成为公关界的共识。1952年,美国现代公共关系权威卡特利普和森特(Scott M. Cutlip & Allen H. Center)在被称为公共关系"圣经"的《有效的公共关系》一书中,正式提出和论述了"双向对称"的公共关系模式,即主张组织和公众的利益并重、平衡,为了组织和公众的共同利益,一方面把组织的信息向公众作传播和解释,另一方面把公众的信息向组织作传播和解释,使组织和公众在双向传播与沟通中形成和谐的关系。"双向对称"模式的确立,成为现代公共关系学成熟的重要标志。

从"报刊宣传活动"到"双向对称的公关模式",反映出公共关系思想演变的一个基本脉络:即从单纯的单向传播到组织与公众之间的双向传播。这是现代公共关系学形成过程中贯串始终的一条主线。

二、现代公共关系的发展

产生于美国的公共关系,第二次世界大战后影响遍及世界各国,并于80年代初传进中国大陆,其发展势头引人注目。

(一)国际公共关系的发展

第二次世界大战以后,美国作为当时世界上经济实力最雄厚的国家,其经营管理的经验和方法对世界各国产生了广泛的影响,"公共关系"也随之传播到世界各地。1955年,国际公共关系协会(IPRA)在伦敦成立,至今其会员遍及60多个国家和地区,总部设在日内瓦;国际商业传播协会(IABC),各地区性的公共关系联盟机构以及世界各主要国家的公共关系协会纷纷建立,这标志着公共关系已作为一门世界性的行业而独立存在。

由于国际间的经济、技术、劳务合作以及政治、文化、科技交流的日益频繁和广泛,各国日益重视运用公共关系来沟通信息,协调关系,树立形象,争取支持。综观50年代以来国际公共关系的发展,从宏观上涉及国际性、全球性的战争与和平、环境与发展等人类生存层次的大问题;从中观上涉及地区性、国家性的政治、经济、军事、文化等复杂问题;从微观上涉及企业及各类型组织的经营管理行为和整体形象塑造等问题;可以说,全方位、多元化地展示和发挥着公共关系的功能,并且使公共关系的理论和实践得到不断的充实、完善和发展。

(二) 公共关系在我国的传播和发展

随着改革、开放的发展,公共关系于80年代初传进我国,首先以一种实践的形态被认识和应用,随之作为一门学科和专业逐步得到认可和发展。1983年起,国内的企事业单位开始出现公共关系的职能部门;1985年,国内的大学开始设置公共关系课程或专业;1986年开始逐步建立起各省市的公共关系社团组织;1987年在北京成立了中国公共关系协会,标志着公共关系在国内已得到正式的确认和接受。在不到10年的时间里,公共关系在中国就呈现了职能化、行业化、社会化和学科化的发展趋势,这充分说明公共关系适应了我国现实发展的需要。

首先,公共关系适应了对外开放的需要。对外开放需要加强中国与世界的双向沟通,一方面了解世界,引进对我国建设和发展有利的物质、技术和文化因素;另一方面向外部世界传播自己,增进世界各国对中国的了解、理解和好感。对外开放使我国组织的政策、行为、产品、人员等等处在外部的比较、评价之中,形象管理的问题日益突出,需要加强组织及人员的公关意识和形象管理。对外开放打破了自我封闭的体系,许多组织和人员直接进入国际沟通交往的大环境,需要调整不适应的交往观念和行为,学会按照国际惯例规范自己的行为,运用公共关系去发展外向型的经济、政治、科技、教育和文化事业。

其次,公共关系适应了体制改革的需要。体制改革强化了组织的自主意识和自主行为,改变了传统的、单一的组织关系状态和行政沟通方式,促进了各种横向联系和社会关系的发展,使组织的社会沟通与协调的功能日益突出,使组织的公共关系活动逐步职能化。公共关系逐渐成为调整组织的社会关系和社会行为的一项管理政策和经营方法。

再次,公共关系适应了市场经济发展的需要。市场经济带来了大范围的分工协作和商品流通关系,打破了"大而全小而全"、"万事不求人"的传统格局,使企业和有关组织需要运用公共关系来拓展合作关系,完善沟通渠道。市场经济还带来了市场竞争,改变了"独此一家"、"皇帝女不愁嫁"的局面,使企业及有关组织需要运用公共关系来加强竞争能力,树立组织及其产品的知名度、美誉度,促进经济效益和社会效益。

复次,公共关系适应了安定团结、社会稳定的需要。改革开放和市场经济的发展需要安定团结的政治局面。社会稳定,特别是人心的稳定需要加强社会的公共关系工作,通过双向沟通,在政府和公众之间、领导者和被领导者之间、企业及有关组织和社会之间创造相互了解、理解、信任与合作的气氛,形成和谐、稳定的社会环境。

在我国大陆,公共关系是对外开放"引"进来,市场经济"逼"出来,体制改革"促"起来的。随着改革开放和市场经济的不断发展,公共关系在中国也将进一步得到重视和发展。

第二节 公共关系兴起和发展的一般社会历史条件

一、民主政治的发展

公共关系在历史上的兴起和发展,与民主政治代替专制政治的社会条件相关。封建社会的政治生活以专制为主要特征。在专制的高压手段和愚民政策的条件下,广大民众只有绝对的忍受和服从,公众舆论不可能对社会进程产生重要影响。在这种社会政治条件下,毫无公共关系可言。

资本主义民主政治代替封建专制是历史上的一大进步。在民主政治条件下,政府官员须由选举产生,任何人要在政治上取得地位,都必须设法与社会各界人士保持良好的关系,必须设法争取公众舆论的支持。同时,民主政治要求政府必须了解民意,顺从民意,把民意作为决策的重要根据,并且努力通过传播让民众了解和支持政府的施政纲领和方针、政策。此外,民主政治有赖于公众舆论进行社会监督,因此需要比较完善的社会沟通渠道和比较独立的大众传播媒介,以保证社会信息交流的畅通。虽然资本主义的民主政治存在着历史的局限性,但在历史进程中,它促使社会的政治生活从专制转向民主,为公共关系的兴起和发展创造了不可缺少的社会条件。

二、市场经济的发展

公共关系又是市场经济高度发展的产物。因此,商品经济、市场经济取代自然经济、小农经济,也是现代公共关系兴起和发展的社会历史条件之一。

在自然经济的社会中,生产组织方式以一家一户为基本单元,以一村一乡为活动界限,人们的社会联系是以土地和家庭村落为支点的血缘、人缘、地缘关系。这种狭隘、固定、封闭的经济活动方式不可能产生公共关系。

在资本主义工商业时代,社会化的大生产取代了一家一户的小生产,市场经济取代了自然经济。社会化的分工协作、大规模的商品交换,冲破了狭窄的地域界限和家族关系,造成了一张全新的社会关系网络,从而促使生产者和经营者的行为方式发生根本的改变。随着"卖方市场"逐步向"买方市场"过渡,市场竞争日益激烈;随着消费水平的提高,公众的需求多样化,选择性越来越强。面临着竞争和公众选择的压力,企业及相关组织必须在改进质量和品种的基础上,注意公共关系,不断提高自身的声誉和形象,努力争取人心,争取公众的支持。商品经济越发达,市场竞争越剧烈,公共关系作为一种"形象竞争"的手段就越重要。

三、大众传播的发展

大众传播及其各种现代传播技术的发展和普及,是公共关系得以兴起、发展的社会技术条件。

在落后的自然经济社会中,传播沟通的媒介和技术也非常落后,缺乏有效的传播手段去进行大范围、全方位和远距离的沟通。因此公共关系也无法有效地实施和推广。

而现代大众传播以及其他科学的传播技术,带来了一个全新的信息时代,更新了社会联系和交往的观念和方式。借助于大众传播等现代化的传播技术和方法,人们相互之间的交流突破了传统的时空限制,可以在极短的时间内,将某个信息传送到遥远的地方和广阔的领域,实现大范围的、远距离的信息沟通,地球相对变得越来越小,变成一个天涯若比邻的"地球村"。此外,由大众传播媒介构成的全方位信息覆盖网络,使得公众舆论变得非常敏感,从而使形象管理的问题日益突出。在当今这个大众传播时代,人们处于高度敏感的公众舆论环境中,必须注意运用公共关系传播手段去影响舆论环境,而大众媒介的发展提供了这种可能性。

综上所述,公共关系随着社会民主、市场经济和大众传播的发展,起源于美国并扩大到世界各地。公共关系事业的发展水平,成为衡量一个国家或地区民主政治、商品经济和大众传播发展水平的一个重要标志。

思 考 题

1. "报刊宣传活动"和"揭丑运动"如何促进了公共关系职业的产生?

2. 公共关系思想的演变经历了哪几个基本阶段?

3. 为什么说"双向对称"模式的建立是现代公共关系思想成熟的重要标志?

4. 公共关系兴起和发展的社会历史条件是什么?

5. 联系中国开放、改革和市场经济的社会实际思考公共关系的现实性和重要性。

第三章 公共关系的功能及应用范围

本章要点：介绍公共关系作为一种经营管理功能的五种主要作用，以及公共关系的基本应用范围。

第一节 公共关系的功能

公共关系的功能主要指围绕着"塑造形象，优化环境"的总体目标展开的传播沟通活动所发挥出来的作用和效能，大致上包括信息功能、参谋功能、宣传功能、协调功能和服务功能五个方面。

一、信息功能

公共关系首先要发挥收集信息、监测环境的作用，即作为组织的预警系统，通过各种调查研究的方法，收集信息、监视环境、反馈舆论、预测趋势、评估效果，以帮助组织对复杂、多变的公众环境保持高度的敏感性，维持组织与整个社会环境之间的动态平衡。

（一）公众信息的来源

制约和影响组织生存和发展的公众环境包括内部公众和外部公众两个方面，因此，公共关系工作所需要的信息就包括内源信息和外源信息两个部分。

1. 内源信息。内源信息主要指来自组织内部各方面的信息和动态。一个组织的发展首先受到其内部公众对象的制约和影响,包括组织各部门的管理人员、技术人员、全体职员,他们处在组织日常运转的第一线,对组织内部的人、财、事、物的状况和动态的了解与评价,是重要的内源信息。

2. 外源信息。外源信息指组织所处的外部环境的信息动态。组织有关的外部公众对象非常广泛、复杂,公共关系需要建立广泛的社会信息网络,密切注视外部公众的各种信息和动态,既要关注已经发生联系的公众对象的信息,也要预测可能发生关系的潜在公众对象的动向;既要重视具有直接利害关系的公众对象,也不能忽略那些只有间接关系的公众对象。如客户的需求,合作者的态度,投资者的意向,竞争者的动态,政府官员的看法,新闻界的评价,意见领袖的观点等等。公共关系需要大量汇集外部公众的信息资料。

(二) 公众信息的内容

公共关系作为组织的信息中心,所面对的信息不局限于与组织专门业务直接相关的业务信息,而包括社会的政治、经济、文化、科技、军事、民情等等全方位的社会信息资料。

1. 与组织形象有关的信息。公共关系首先要注意与本组织的形象评价有关的各种信息。这些信息涉及公众对组织的政策、产品、行为、人员等方面的印象、看法、意见和态度。

(1) 产品形象信息。产品形象是组织形象的客观基础,只有产品被接受、受欢迎,企业存在的价值才能得到社会的认可。公众对产品的意见和评价是多方面的,如质量、性能、功能、价格、款式、包装、售后服务等等。

(2) 组织形象信息。组织的整体形象,还反映在公众对组织其他要素的评价方面。如,公众对于组织的方针政策;办事制度、程序和效率；经营管理水平；技术、财政、人才方面的实力；服务质量和水准；市场宣传形象；组织文化和精神文明等方面的反映和评价。组织机构需要根据这些评价来调整和完善自身。

2. 组织环境中的各种社会信息。公共关系需要为组织监测社会变化与趋势，注意社会的政治、经济、文化、科技、军事、时尚潮流、民俗民情、舆论热点等多方面的信息动态，分析其对组织的各种直接或潜在的影响，充分利用环境中的有利因素，避免不利因素，使组织与社会环境的变化保持动态平衡。

公共关系的信息功能具有宏观性和社会性，这是组织其他职能部门无法取代的。

二、参谋功能

公共关系在组织经营管理决策过程中，发挥着咨询、建议、参谋的作用，协助决策者考虑复杂的社会因素，平衡复杂的社会关系，从社会公众和整体环境的角度评价决策的社会影响和社会后果，使决策目标能够反映公众的利益，使决策方案具备一定的社会适应力和社会应变力，使决策实施的效果有利于树立组织的良好形象。

（一）为确立决策目标提供咨询建议

决策的第一步是确立决策的目标。公共关系的参谋作用首先表现在为制定目标提供咨询建议。这种参谋的角度不同于技术、财务、人事等专业角度，而是一种相对超脱的、客观的角度，即从社会公众的角度去评价决策目标的社会制约因素和社会影响效果，努力使决策目标与公众利益和环境因素相容。特别是现代组织的决策日益专门化，整体的决策目标体系需要分解为各个职能部门的专门决策目标,如生产决策目标、技术开发决策目标、财务决策目标、市场营销决策目标等等。各职能部门的专家或管理人员将决策的焦点高度凝聚于本部门的专业目标,往往容易疏于从全局和社会的角度考虑决策所可能导致的社会效果。因此,极需要公共关系部门站在公众和社会的立场上,综合评价各职能部门的决策目标可能引起的社会问题,从公众利益的角度去观察企业的缺陷,敦促有关部门或决策当局,依据公众需求和社会价值及时修正可能导致不良社会后果的决策目标,使企业决策目标既反映企业发展的要求,也反映社会公众的需求,使公共关系本身成为整体决策目标系统中的组成部分。

(二) 为决策提供信息服务

公共关系的参谋作用还表现在为决策提供各种社会信息,完善各种公众咨询渠道,建立各种信息来源,包括广泛的外源信息和及时的内源信息,并根据决策目标将各种信息整理、归类、分析、概括,提供给最高管理层或各个专业部门作为决策的客观依据。

(三) 协助拟定和选择决策方案

决策方案是实现决策目标的各种方法、措施的总和。公共关系的参谋作用又表现在运用公关手段为决策者评价、选择和实施有关的决策方案,特别关注决策方案在经济效益和社会效益方面的统一与协调,敦促决策者重视决策行为的社会影响和社会效果。同时,调动公关手段,广泛征询各类公众对象的意见,促进决策过程的民主化和科学化。

(四) 从公众关系角度评价决策效果

公共关系的参谋作用也表现在分析、评价决策实施的公众影响和社会后果,以及这种后果对决策目标的制约作用。运用公众网络和公关渠道,对那些付诸于实施的决策方案进行追踪和反馈,使组织能够及时了解情况,并根据反馈的情况来调整决策目标,完善决策方案。

三、宣传功能

公共关系在组织经营管理中发挥宣传的作用,即通过各种传播媒介,将组织的有关信息及时、准确、有效地传播出去,争取公众对组织的了解和理解,提高组织及其产品、人员的知名度和美誉度,为组织创造良好的公众舆论,树立良好的社会形象。

(一)创造舆论,告知公众

公共关系的宣传功能首先在于"告知公众",即向公众说明和解释组织的有关政策、行为和制品,争取公众的了解和理解,促使公众的认同与接受。这是一种为组织创造和形成公众舆论的工作。当公众对组织缺乏认识和了解的时候,组织就需要主动地传播自己、介绍自己,促进公众的认知与了解。当组织的政策和行为与公众有关的时候,就需要满足公众的知情权、知晓权,主动作出说明和解释,消除公众的疑虑,避免舆论的误解。让公众知道并正确地了解本组织,是建立良好公众形象的基本前提。所有关系都是从了解开始的,不了解就谈不上理解、好感与合作。因此,"告知公众",形成舆论,是公关宣传最基本的功能。

(二)强化舆论,扩大影响

运用各种现代媒介加强公众对组织的印象,深化公众对组织的了解,提高组织的社会知名度和美誉度,为组织及其产品推广形象、扩大影响,是公共关系宣传的重要任务。当一个组织及其产品有了基本的公众印象及良好的评价之后,还需要注意坚持不懈地作宣传推广，不断维持、完善已经享有的知名度和美誉度，强化良好的公众舆论趋势，强化良好的社会公众形象。一个组织处于形象良好的状态时，传播投入的效益一般都能获得比较理想的结果；相反，如果忽略了传播工作，公众对组织的印象会逐步淡漠，良好的形象会因为传播失误而受损。公关宣传不能只造一时的舆论轰动，而需要通过长期不断、潜移默化的传播渗透，不断加深公众对组织及其产品、人员的良好印象，使之不断积累、巩固和强化。

（三）引导舆论，控制形象

公共关系的宣传功能还在于调节组织的信息输出量，引导公众舆论向积极、有利的方向发展，根据舆论反馈适当调整组织的行为，控制组织的形象。比如，当公众对组织的评价毁誉参半的时候，公关宣传需要小心谨慎地发挥"观念向导"的作用，缩小不利舆论的影响，引导有利舆论的发展。当组织的信誉度不能与知名度同步发展时，或知名度过高而脱离组织实际需要的时候，公关宣传要以低姿态介入舆论，适当降低组织的知名度和公众对组织的注意力。当组织的形象不佳的时候，公关宣传应根据具体的原因，或者诚恳地向公众道歉和解释，争取公众的谅解；或者澄清事实真相，纠正舆论误解，扭转被动的局面，恢复组织的声誉。

四、协调功能

公共关系是组织与社会环境之间的一种协调沟通机制，即运用各种协调、沟通的手段，为组织疏通渠道，发展关系，广交朋友；减少摩擦，调解冲突，化敌为友，成为组织运转的润滑剂、缓冲器，成为组织与各类公众交往的桥梁，为组织的生存、发展创造"人和"的环境。

（一）协调内部关系，增强组织凝聚力

公共关系要重视内部协调、沟通的任务，即通过建立和完善组织内部的各种传播沟通渠道和协调机制，促进组织内部的信息交流，上情下达，下情上达，横向联络，分享信息。这包括管理阶层与全体员工的关系、组织内部各个职能部门之间的联系，要在充分的信息交流与分享的基础上保持和谐的状态，以促进思想上的认同和行为上的一致，提高组织的向心力、凝聚力。内求团结是外求发展的前提和保证，公共关系要为创造良好的内部人事气氛而努力。

（二）开展社会沟通，建立和谐的社会环境

在对外交往方面，公共关系承担着组织的"外交部"的繁重任务，要运用各种交际手段和沟通方式，热情地迎来送往，积极地对外联络，为组织开拓关系、广结人缘，为组织的生存和发展减少各种社会障碍，增加各种有利的机会，创造和谐的公众环境。

任何组织的发展都离不开社会各方面的配合与支持。组织从自身利益出发，首先要处理好各类直接的业务来往关系。诸如顾客与用户关系，原材料与能源供应关系，产品的销售网络关系，运输部门的关系，银行信贷及投资人关系，生产经营的协作者关系，教育、科技部门关系等等，以保证组织日常人、财、物与技术的经营运转。其次，要妥善处理好组织与各种权力制约部门之间的关系。如政府各职能管理部门，像工商管理局、税务局、审计局、物价局、商检局、环保局、城监局、市政局、公安局、司法部门以及海关，还有目前体制下存在的各业务主管部门，争取这些职能管理部门的理解和支持。再次，还要主动建立和发展各种非专业性的社会关系。如社区关系、新闻界关系、社会名流关系、社会团体关系等等,尽可能扩大组织的公共关系网络,广结善缘。公共关系的一项重要任务就是努力和社会各个方面保持友好的交往,联络感情,发展友谊;有了矛盾时主动进行协调咨商,妥善处理,消除敌意,化解冲突。通过争取公众的好感和支持,为组织的生存和发展奠定"人和"的基础。从这个角度来说,公共关系在组织中要发挥"外交部"的功能。

五、服务功能

公共关系又是一种教育性、服务性的工作,在组织管理中发挥支持性、辅助性的功能。即通过教育引导和中介性服务,一方面在组织内部培育良好的公众意识,另一方面在公众中培育对组织的关注与好感,促使组织和公众相互适应、相互需要、相互配合,在和谐的关系中共同发展。

(一)教育引导,培育有利的公众环境

公共关系需要充当教育者的角色,通过耐心的劝服,经常性的灌输,教育引导组织成员和相关公众各自认识对方的重要性,认识对方对于自己的影响力,促使双方都能够从对方的角度去考虑和处理问题;教育双方都将自身的利益和对方的利益联系在一起,努力去适应对方,满足对方,支持对方。这是一种双向的教育工作:

1. 教育组织成员,在组织内部培养公众意识。每个组织都具有自己的目标和方向。要使这种目标和方向反映、符合公众的利益与意愿,就需要组织的决策者及全体成员具备公关意识,从而在决策和行为中自觉地按照公众利益与意愿去调整与完善。而公众意识是需要不断地进行灌输和教育的,特别是当组织的政策、行为和产品不符合公众的愿望,引起公众的不满和反对的时候,尤其需要强调和灌输公众意识。公共关系就要承担这种灌输和教育工作,不断地向本组织的管理者和员工灌输公众意识,通过公共关系培训,提高组织成员的公关素质和沟通能力,使组织的公关行为规范化、制度化。

2. 教育引导外部公众,培育适应本组织生存发展的公众环境。一个组织的专业性质、业务特点及其相关的政策、行为和产品,对公众来说可能是陌生的;组织所从事的事务和事业的原因、目的和结果,公众也可能不明白、不理解。因此,公众需要教育,舆论需要引导。公共关系的一个任务,就是为相关的公众提供有针对性的、系统的、长期的咨询、教育和引导,使有关的公众熟悉本组织的专业性质、业务特点,具备必要的知识背景,从而易于理解本组织的目标、政策和行为,并形成较有利于本组织的公众态度和舆论气氛。这些相关的公众包括有关的政府决策部门、监管部门,潜在的投资者,劳务市场,潜在的顾客和用户,相关的协作对象,及社区公众等等。公共关系必须努力将它们培育成一个较为适合于组织的公众环境。

(二)中介服务,创造和谐的运行机制

公共关系在组织内外需要发挥协调服务的作用,在组织内部使各个专业部门有更好的运作环境和协调机制,在组织外部用有形的服务活动去争取人心,树立信誉,在组织和公众之间构筑一座有形的、立体的沟通桥梁。

1. 在组织内部为各个业务和职能部门服务。公共关系在组织内部不直接参与人、财、物等资源的管理,不直接生产和推销产品,而是运用各类传播沟通手段为各个部门服务,协助处理那些需要各方面介入和配合的纷繁事务,执行那些需要宏观协调和控制的边缘性职能,提供信息性、事务性的辅助和支持,使各个职能部门之间的配合更加融洽,使整个组织机体工作更加协调,使组织的专业职能发挥出更好的效果。

2. 在组织外部提供社会服务,以良好的服务行为去树立信誉,争取人心。公共关系作为一种经营管理功能,是组织中社会性、公众性、服务性最强的一个工作部门。它不仅使用语言、文字,而且运用"行动"这种传播力最强的手段去为组织树立形象。"服务"就是一种最好的"公关行为",是一个组织树立形象的实际行动。如企业组织,为消费者提供各种良好的售前、售中和售后服务;为投资者提供各种投资分析和投资服务;为社区提供各种公益性、环保性的服务;为发展社会的文化、教育、科学、艺术、体育等事业提供必要的赞助和服务等等,使社会公众从企业的服务行为中去实际地感受企业对社会的爱心和责任,产生出对企业的尊敬和好感,使企业组织及产品的形象深入人心。

第二节 公共关系的应用范围

公共关系作为组织的一种传播管理职能,程度不同地适用于各种不同类型的社会组织。任何组织,只要需要与公众打交道,需要得到公众舆论的理解和支持,都离不开公共关系。当然,不同性质、类型的组织,对公共关系的需要程度不一样,具体公关行为和实务构成也有区别。

一、公共关系的主要应用领域

公共关系在现代社会已被普遍应用于各类不同的社会组织,其中主要包括经济领域的各种组织、政治领域的组织和社会事业领域的组织。其中以经济组织的应用较为广泛。

(一)公共关系在经济组织中的应用

公共关系在经济领域的组织中得到了较广泛的重视和应用。包括生产企业、商业企业、酒店宾馆、旅游服务、对外贸易、金融保险业、房地产业、娱乐行业等等。公共关系成为这些经济组织提高竞争能力,获取经济效益和社会效益的重要手段。不少经济组织建立了专职的公共关系工作部门,不断增加公共关系的投入,运用公关手段去争取顾客,推销产品,开拓国内外市场;运用公关手段去吸引资金,吸引人才;通过公关渠道参与社会活动,扩大组织的社会影响。公共关系在资源的开发和产品的销售方面都发挥了重要的作用。正因为公共关系能为经济组织解决许多实际问题,并带来实际效益,才可能促使经济组织比较快地接受公共关系,并将公共关系职能化。

经济组织的性质决定了公共关系必须为经济效益服务。但同时,公共关系在经济组织中又是最重视社会效益的一种职能,公共关系本身的性质决定了它必须关注公众的利益,将经济组织的社会效益摆在重要的位置,通过良好的社会效益去树立良好的社会形象,并以此来争取长远的经济效益。可见,公共关系在经济组织中的效能就体现在经济效益和社会效益的统一方面。经济组织的公共关系就在于营利性和社会性的平衡、对称。

(二)公共关系在政治组织中的作用

公共关系在政治组织中的应用实际上已有很长的历史了。一个政党、一个政府、一支军队、一个社会政治团体,要使自己的路线、方针、政策得到公众的了解和支持,要动员公众自发地配合和拥护,就需要运用公共关系的手段,进行大规模的传播鼓动和深入细致的思想工作,使公众广泛地了解和支持政治组织的有关政策和行动;并随时根据公众的意见反馈去调整组织的政策和行为,努力为民众多办实事和好事,在公众中树立信誉,争取人心。

现代民主政治与专制政治的一个重要区别,就是高度重视公众舆论,重视社情民意,视舆论和民意为政治性决策和行动的根据。凡重视舆论者,都必须重视与公众之间的双向沟通与传播,通过建立社会沟通渠道来收集民意,吸引公众参政议政。一个社会的开放度越高,公众对政治生活的参与性就越强。公众对政治生活的参与性越强,政治组织与公众的双向沟通就越重要。在开放和民主的潮流中,公共关系能帮助政治组织顺应民意,引导民意,树立形象,争取人心。

(三)公共关系在事业单位和社团组织中的应用

公共关系也适用于各种非盈利性的事业单位和团体,如学校、医院、体育团体、慈善机构、环保部门以及各种社团组织、各类协会和学会、各种基金组织等等。这些组织虽然不以盈利为目的,但需要筹措事业资金,开拓各种资源,发展会员,动员社会力量来推动和维持某项事业的发展,因此也需要运用公共关系,争取公众对某项事业的理解和支持。这类事业性或群众性团体的一个特点,就是自身并不直接产生经济效益,而且没有行政权力保证其获得足够的资源,而要靠事业本身的影响力,靠社会服务效益,靠良好的公共关系去争取社会各方面的关心和支持,以解决人、财、物等资源问题,并为事业的顺利发展创造良好的社会环境和舆论气氛。因此,对于事业单位和社团组织来说,公共关系是重要的事业开发手段。

二、公共关系应用的发展趋势

第二次世界大战以来,人类的经济、政治活动进入了全球化传播时代。当代公共关系的应用发展显示出一些引人瞩目的特点。

(一) 市场公共关系的热潮

随着市场经济在全球范围的蓬勃发展,市场公共关系方兴未艾。企业的市场传播活动日益多元化,市场传播投入量与日剧增,市场形象竞争呈白热化状态。公共关系作为一种重要的市场传播手段得到了充分的应用和发展。现代的市场竞争日益体现为企业和企业、品牌和品牌之间的形象竞争、信誉竞争。这种竞争已不局限于新产品和技术,而发展到企业经营的各种要素,因此 CI 形象战略(Corporate Identity,企业整体形象设计)成为市场公共关系的热点。同时,这种形象和信誉竞争也超越了单一的媒体和局部的市场与地区,趋向媒体的多元化和范围的全球化,因此企业的形象策划和传播亦呈现立体性和国际性的趋势,开始流行 IMC 市场传播战略(Integrated Marketing Communications,整体市场传播),力图为企业塑造一种"放诸四海而皆准"的"全球形象",以创造全方位的、全球性的认同。在当今全球化的传播时代,世界变得越来越小,因此形象的一致性就显得越来越重要。这是当代企业公共关系发展的一个重要特点。

(二) 金融公共关系的动态

第二次世界大战以来,股份制的发展浪潮推动了金融公共关系的发展。企业的投资日益多元化、社会化、公众化,给企业构成新的公众压力,促使企业为增加和维持企业的资金投入而开展公共关系工作,通过公共关系来维系企业与广大股东的良好关系，并争取国内外潜在的投资者。由于股份制企业的基本存在条件和发展条件之一是股东公众的理解和支持，股东公共关系工作好坏直接影响到企业的"财源"和"权源"，因此它必然引起决策层和经营者的高度重视，从而对企业的整体传播政策和公关行为产生深刻的影响，即公共关系作为一项基本政策，将渗透到企业行为机制的深层。也就是说，公共关系不仅仅应用于企业的产品营销环节，而且应用到企业经营管理活动的各个环节，从投入到产出的整个过程，都必须导入公关政策，强化公关管理意识。这是企业面对公众的有史以来"最透明"的一种公关状态：企业必须为公众所有、所治、所享。这是现代企业公共关系发展的另一主要趋势和特征。

（三）政府公共关系的热点

由于民主化的世界潮流和多元化的世界格局的出现，一个国家的政府无论对内对外都需要重视公共关系，通过政府公共关系，对内争取民众的支持，稳定社会政治局面；对外建立广泛的国际统一战线或国际联盟，争取国际事务中的主动权。因此，政府公共关系将成为当今世界公共关系发展的又一热点。在民主社会中，政府组织不可能依靠专制和高压手段去谋求社会秩序的稳定，而需要加强社会咨询和社会沟通，建立和完善各种类型的公众交流渠道，使不同的公众意见能够在畅通无阻的表达中逐渐趋同存异，使各种社会摩擦与冲突的能量能够在"微调"的状态中得到释放和缓解，从而形成稳定、和谐的政治局面与社会秩序。从这个角度看，政府公共关系实际上是民主政治的一种操作方式和过程。另一方面，在当代国际事务中，一个国家的政府需要在多元化的国际政治势力中取得适当的平衡与协调，就必须善于利用一切共同点去联络和争取国际舞台上的大多数,运用对话和沟通的方式去处理客观上存在的矛盾和分歧,以促进和平与发展的国际环境。公关的方式将成为处理国际事务的重要方式。

(四) 全球性问题带来的全球性沟通与合作的大趋势

这是一种最具宏观意义的公共关系发展趋势。现代人类发展面临着一些全球性的问题。诸如环境保护,人口膨胀,战争与和平,国际性的恐怖主义,国际性的吸毒和走私等犯罪现象,原子、化学和生物武器的扩散与控制,人权与主权,区域性的经济合作与发展,以及人类新的生存空间与资源的研究开发等等。这些问题的存在与解决对人类生存条件的影响和意义,已超出某个国家、民族的范围,不局限于某种制度和阶级的范畴,具有全人类的性质。单独靠哪一个国家或民族的力量均是无法解决的,而需要加强国际间的沟通,在形成共识的基础上制定国际性的协调政策,并通过区域性和国际性的立法程序形成某种国际的规范和准则,靠全人类通力合作来解决这些人类面临的共同问题。在这方面,公共关系的应用实践将涉及迄今为止最为广阔的一个领域。各国的公关专家将面临一个共同的目标和任务:通过全球性、跨文化的传播沟通去形成全球性的共同意识,促成国际间的协调与合作,推动各种全球性问题的研究与解决。可以预见,公共关系的分析预测、论题处理(Issue Management)的功能将会得到广泛的重视和发挥。

思 考 题

1. 如何理解公共关系的信息功能?
2. 公共关系从哪些方面为决策提供咨询、参谋和服务?

3. 公共关系的宣传功能包括哪些主要作用?
4. 公共关系的协调功能主要表现在哪些方面?
5. 公共关系的服务功能应如何理解?
6. 公共关系有哪些主要的应用领域?
7. 联系实际思考现代公共关系的发展趋势。

第四章 公共关系的行为主体

本章要点：介绍不同的组织及其公关行为的特征；组织公共关系机构的性质、地位和构成；专业公共关系公司的类型和业务；公关人员的条件和行为准则以及全员公关的问题。

第一节 组织分类及公关行为

公共关系虽然一般地适用于各种不同类型的组织机构，但各种组织的性质、类型、特点不同，决定了公共关系的目标、内容、对象和行为方式有着不同的特点。

一、组织分类与公关目标和对象

不同性质和类型的组织，其公关工作的目标、重点和具体对象均不同。

1. 互益性组织。如各种党派团体、职业团体、群众社团组织、宗教组织等。这类组织重视组织内部成员的利益和共同目标，所以首先重视内部成员对组织本身的凝聚力和归属感，重视组织系统内部的沟通。

2. 营业性组织。如工商企业、金融机构、旅游服务业等以营利为目的的组织。这类组织以其所有者、经营者的利益为目标,首先要与其所有者(如投资者)以及对其经营成败有决定性意义的顾客等建立良好关系。

3. 服务性组织。如公益学校、医院、社会福利工作机构等非营利组织。这类组织的存在以其特定的服务对象的需要为目标,又必须与其资助者、协助者保持稳定的关系。

4. 公益性组织。如政府部门、公共安全机关、消防队等。这类组织以国家及社会公众的整体利益为目标,其公众对象就是社会各界。

公共关系工作的目标需与组织的总目标相协调。以上各类组织有营利的和非营利的,有以特定公众为对象或以整个社会公众为对象的,有以内部公众为主和以外部公众为主的。公共关系工作的目标公众因组织的特定目标不同而有所区别,从而区分为不同类型的公共关系,如工业企业公共关系、商业公共关系、政府公共关系、群众社团的公共关系等等。

二、组织分类与公关行为特征

组织类型对公共关系行为特征影响比较大的因素主要有两个方面:一是营利性还是非营利性;一是竞争性还是独占性。以此划分,大致上可以将社会组织划分为四类:

竞 争 性

非营利性	Ⅱ. 竞争性非营利组织	Ⅰ. 竞争性营利组织
	Ⅲ. 独占性非营利组织	Ⅳ. 独占性营利组织

营利性

独 占 性

一般来说,公共关系与营利性和竞争性的社会活动联系比较密切。

1. 竞争性营利组织。这类组织为了自己的经济利益,为了在市场竞争中争取顾客,一般都有比较自觉的公关行为,能主动地争取公众的理解和支持。但这类组织比较容易偏重于与市场活动直接相关的公众,其公关行为的营利性质也较为明显。

2. 竞争性非营利组织。这种组织没有经济动机,但由于需要在竞争中赢得舆论的理解和公众的支持,因此也需要十分重视自己的公关工作,尽可能广泛地去建立和发展自己的公众关系。

3. 独占性非营利组织。由于缺乏自身利益的驱动,缺乏竞争的压力,往往容易忽略自己的公众,或"脱离自己的公众",公共关系管理环节一般比较薄弱。

4. 独占性营利组织。由于对资源、产品或服务具有独占性,由于在管理机制上不容易输入公众的信息,而又有营利的动机,因此,这类组织容易产生违反公众利益的行为,容易陷入公众舆论的对立面。

不同组织的公关行为特征还可以从其他角度进行考察和分析。在分析公共关系的行为主体时,首先要分析组织自身的性质、类型和特点。

第二节 组织的公共关系职能部门

广义上说,组织整体是公共关系的行为主体。但是,组织的公关行为一旦形成为独立的经营管理职能,就需要设置专职的公共关系机构,对组织的公关资源和公关行为进行统一的决策、规划、控制、实施和检测。因此,从专业化的角度来说,公关的行为主体就是公关的职能部门。

一、公共关系职能部门在组织中的性质和地位

在组织管理系统中,公共关系职能部门有着不同于其他职能部门的特点。

(一) 公关部的性质

从工作性质上看,公共关系的职能是传播性、沟通性的。即统筹管理组织有关传播沟通的业务,使组织的传播沟通行为规范化、科学化,使组织传播沟通的目标和手段专业化,使组织的传播沟通工作具有更高的效率和效益,使组织的传播资源投入更加合理、产出更加理想。因此其职能目标和业务内容完全不同于其他的职能部门。组织的传播沟通活动职能化是现代信息社会的一个特点:信息传播沟通日益成为组织经营管理的重要手段。在没有公共关系的职能部门之前,组织实际上也在进行着各种各样的传播沟通活动,只不过是分散的、随机的、不系统的、缺乏统一目标和科学管理的。随着在现代环境下组织对社会及公众的依赖性越来越强,组织的传播沟通业务量越来越大,传播的资源投入越来越多,建立和强化组织的公共关系职能,对组织传播业务加强科学的管理,便提到管理者的议事日程上来了。公共关系职能的形成是现代组织管理职能演化的结果。

(二) 公关部的地位

从管理地位上看,公共关系职能部门在组织总体中扮演一种"边缘"、"中介"的角色。即处于决策部门与其他专业职能部门之间、组织与外部环境之间,担负着建立联系、沟通信息、咨询建议、辅助服务、策划组织、协调行动等责任。这可以从内部管理和外部经营两个方面来看。

1. 公关部门在组织内部管理中的地位。从系统论的观点来看组织的管理结构，公共关系部门作为一个子系统，它的位置介于管理子系统与其他非管理子系统之间。公关部负责沟通和协调经理层与其他职能部门之间的关系，以及沟通和协调各个职能部门之间的关系。它要向各个子系统提供信息，协助分析、判断和决策。

可见，公关部门介于高层决策中心与各个执行部门之间，介于各管理、执行部门与基层人员之间。公关部门可以作为一个职能部门独立存在，亦可以成为管理子系统的一部分（如总经理办公室、经理部中的一个机构）。如图 4-1。

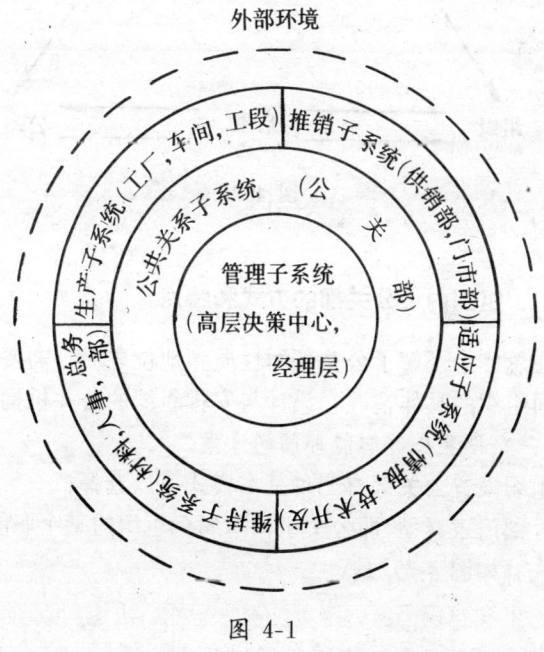

图 4-1

2. 公关部门在企业外部经营中的地位。在外部经营中,组织与外部环境存在着广泛复杂的关系。管理子系统需要与外部各界公众对象相互沟通和相互影响,公关部介于组织与公众之间,对外代表组织,对内代表公众,通过传播活动保持组织与公众环境之间的双向沟通。如图 4-2。

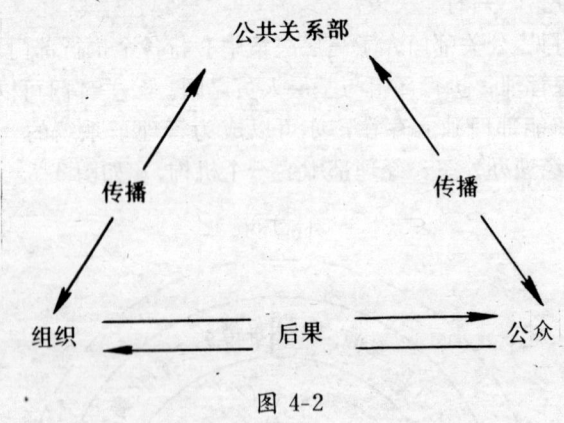

图 4-2

二、组织内设公关部的方式和特点

在总体上了解了公关部的性质和地位之后,需要根据各种不同组织的具体情况,设计与安排组织的公关机构。

(一)设置公关职能部门的方案

组织设置公关部有三种基本模式可以选择:

1. 部门隶属型。即公关机构附属于组织的某个职能部门,其模式(如图4-3)是:

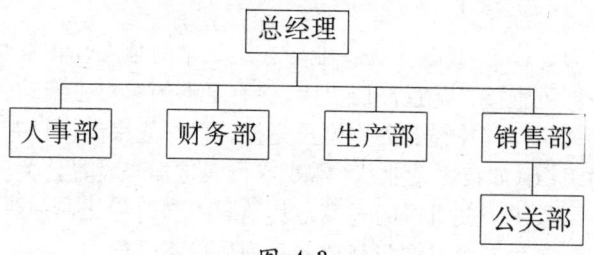

图 4-3

具体隶属于组织的哪一个部门,可视具体需要而定。一般来说,隶属于传播沟通的任务较繁重和突出的部门。可以有如下的方案:

(1)隶属于行政办公室系统。如在经理办、厂长办设置公关科,由行政办公室负责人主管公关工作,便于上下左右、内外的协调与综合服务。

(2)隶属于市场经营、销售部门。由市场部门负责人主管公关工作,侧重于公共关系在市场营销中的促销功能。

(3)隶属于宣传广告部门。在已有宣传广告部门的情况下,增加公关宣传功能,有别于政工宣传和商品广告。

(4)隶属于外事接待部门。侧重于公关的外交功能。

(5)隶属于人事培训部门。发挥公关的内部沟通功能。

(6)隶属于信息出版部门等。

2.部门并列型。即公关机构与组织的其他职能部门平行排列,处于同一层次。其模式(如图4-4)是:

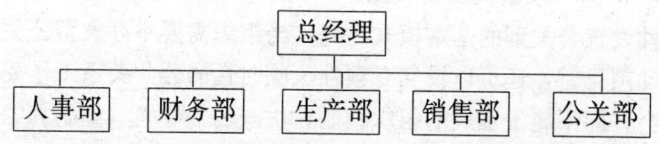

图 4-4

与第一种类型相比,此种类型的公关机构在组织中地位和权力比较高,反映了公关业务在组织中的独立性和重要性。公关部可直接参与最高层决策,并有足够的职权去调动资源,协调关系,其传播业务也比较完整。但一般来说,只有较大型的组织(如集团企业)才需要或可能这样来设置公关机构。中小型组织公关机构的规模与其他职能部门相比,一般都小很多,作为二级机构与其他部并列显得不平衡。

3. 高层领导直属型。即公关部处于整个组织系统中的第三个层次,但作为一个第三级机构,它并不隶属于哪一个二级机构,而是直属于组织的最高层领导,直接向最高决策层和管理层负责。其模式(如图 4-5)是:

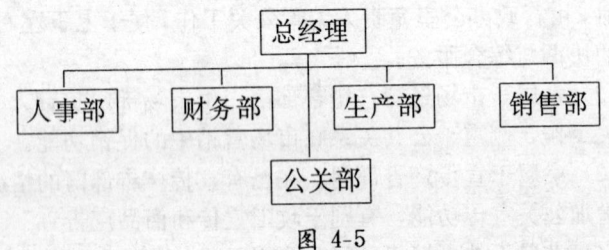

图 4-5

这种类型综合了以上两种类型的特点。公关部可以较为自由地与其他职能部门沟通,且具有相当的独立性和自主权,直接介入决策,机构比较精简灵活。据美国公关协会 1977 年的统计,美国设有公关部的企业有 86% 属于这种类型。

4. 为专项公关活动设立公共关系协调委员会。除了上述三种设置公关部的基本模式之外,当组织需要举办大型公关活动项目时,还可以设立专项性、临时性的公共关系工作委员会。即不属于正式的组织编制,由一名领导人(如副总经理)或办公室、公关部负责人牵头,下设若干名专职公关人员,成立一个跨部门、协调性的委员会,由各职能部门指派兼职人员参与工作。委员会作为活动的策划、组织、协调机构,承担"总调度"的责任,负责全权处理与活动项目有关的各种公关事务,统一调配和使用各种资源,保证活动项目的圆满成功。

5. 公关职能部门的名称。执行公关职能的机构可以用不同的名称和形式存在,如"公共信息部"、"公共事务部"、"沟通联络部"、"企业传播部"、"公关与市场推广部"、"公关与广告部"、"公关接待部"、"公关宣传部"、"公关与新闻办公室"、"公关与开发办公室"、"社区关系部"、"团体关系部"、"信访办公室"、"政府新闻处"等等。其中"公共关系部"的名称已延用了90年,得到了世界性的接受和理解。

(二)组织公关部门的结构

公关职能部门在组织系统中的具体结构,可以借助组织图表简明扼要地显示出来。但需要说明,任何一个组织都必须根据自己的实际情况来确定公关部门的结构(包括层次、规模、职能分工等)。下面列举国外一些大、中、小型企业的公关部门结构图表供参考。(见图 4-6、4-7、4-8)

(三)组织内设公关部门的特点

从公共关系实际操作的角度看,一个组织设立自己专门的公关机构具有以下主要特点:

1. 了解内情。组织内设的公关部对本组织的业务和人事比较熟悉,因此开展公关工作能做到有的放矢,切合实际。

2. 便于协调。内设公关部直接受最高管理当局的指导,直接与其他部门和基层沟通,比较方便和协调。工作任务的临时增减,工作目标和计划的随时调整都比较方便。

3. 效率较高。因公关部是常设机构,能够"召之即来,来之能战",特别是应付突发事件时效率较高。

4. 成本较低。自设的公关部便于控制预算和投入。

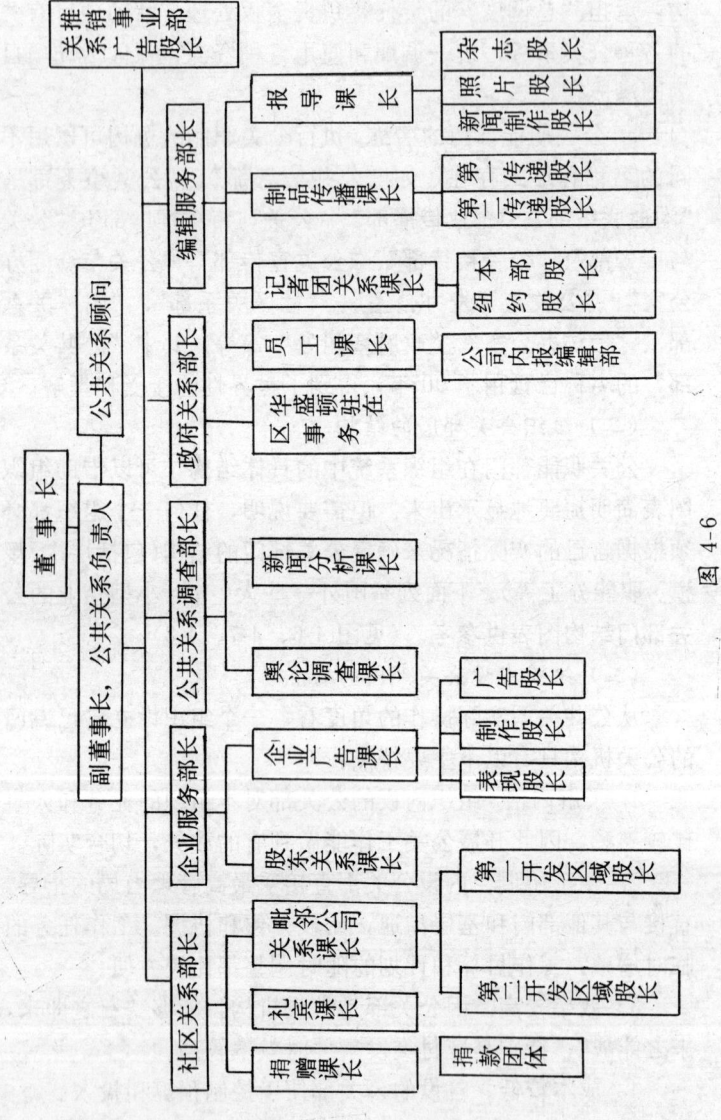

图 4-6

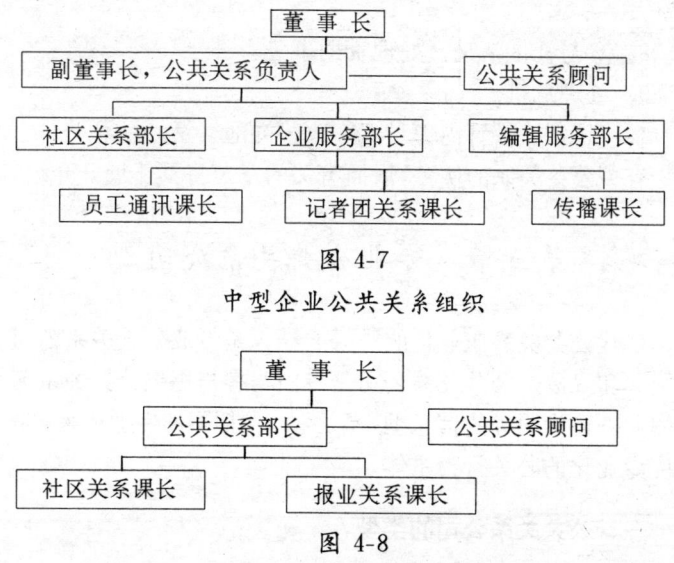

图 4-7
中型企业公共关系组织

图 4-8
小型企业公共关系组织

5. 工作受到组织内部主观因素的过分制约。自设的公关机构必然首先考虑组织的目的和需要,并直接受到领导者的主观约束,传播工作有时难以做到实事求是、客观公正。

三、公共关系机构的日常业务

公共关系职能部门的日常业务主要包括以下内容:
1. 调查研究,收集信息。
2. 制定组织的公关计划,为决策层提供咨询建议。
3. 编制组织的刊物及各种宣传材料。
4. 负责组织的新闻宣传事项。
5. 制定广告计划,监督广告实施。
6. 沟通协调组织的外部关系。
7. 策划专题活动项目,并组织实施。

8. 参与社区活动,处理赞助事务。
9. 处理危机。
10. 培训、教育内部员工,改善内部气氛。

有关公共关系的实务,后面有关的章节将具体展开介绍。

第三节 专业公共关系公司

现代公共关系职业化的结果之一,是专业公共关系公司的兴起和发展。公共关系公司是专门为客户提供公共关系劳务和业务咨询服务的信息型、智力型、传播型的专业机构,是高度专业化的公关行为主体。

一、公共关系公司的类型

1. 综合性公关咨询服务公司。这类公司既能为客户提供各类公共关系的专家顾问(如媒介关系专家,社区关系专家,政府关系专家,市场关系专家,金融关系专家,社会心理专家等),为客户决策提供参谋;又能为客户提供各种公共关系的技术服务,如广告、商标、门面的设计,新闻编撰和资料编辑,书籍、杂志、宣传品的编写、制作、印刷,影视听材料的制作,民意测验和形象调查分析等。这种公关公司的专业人才和技术手段比较全面。

2. 专项公关业务服务公司。这种公关公司的经营规模和业务范围比前面一种要小。基本上可分为两类:一类是专门为特定行业或特定客户服务的公关公司,如专门为工商企业提供金融公共关系咨询服务的公关公司;国外某些专门为政治团体服务的公关公司等。另一类是专门为客户提供某一方面的公共关系技术服务的公关公司,如专门为客户进行民意测验、形象调查、广告效果反馈的;专门为客户策划新闻传播,沟通媒介关系的;专门为客户搜集剪报,提供信息的;专门为客户策划展览或大型活动的;专门为客户编辑、制作、印刷宣传品、影视资料和设计、制作商标、招牌等等。这类公关公司所需的人才和技术手段可以比较单一。

3. 公关公司与广告公司。国外从50年代开始就存在公关公司与广告公司合并的趋势。美国十大公关公司中有六家是广告公司的分公司。许多广告公司都设置了公关业务部门;许多公关公司也兼作(商品)广告业务。就为客户作传播这点来说,两种公司的确是相通的。公关的职能范围和手段实际上要比广告广泛,从发展趋势看是一种很有生气的事业;但无论从发展历史、职业水准和经营实力看,目前它尚不能与广告业相比。因此,两种"传播型"的公司联营,正可以相互补充。不过可以预见,随着公关行业专业水准和学科化的发展,它将可能与广告业并驾齐驱。

二、公共关系公司的经营范围

1. 咨询诊断。即总体的公共关系顾问咨询,如为客户作企业或产品形象调查,作公共关系诊断,设计公共关系规划,提供专业化的公关顾问,为客户设计形象,为客户决策作参谋。

2. 联络沟通。协助客户与有关的公众联络沟通,对目标对象进行游说,建立和维持良好关系,如政府关系、社区关系、名流关系等。

3. 收集信息。为客户搜集、汇编有关的信息资料,如新闻剪报、市场信息、民意测验资料,以及各种政治、经济、金融、文化、科技等社会情报。

4. 新闻代理。为客户策划新闻传播。包括为客户撰写新闻稿件,选择新闻媒介,建立新闻界联系,组织新闻发布会。

5. 广告代理。为客户设计、制作公共关系广告、企业广告,作广告投资计划,作效果检测分析。

6. 推介产品。协助客户介绍推广产品,制造有利的市场气氛。

7. 会议服务。为客户计划、组织大型会议,如信息交流会、经验研讨会、产品展销会、专题展览会、公众对话会等。

8. 策划活动。为客户策划、组织各种专题公关活动,如剪彩仪式、周年庆典、联谊活动,以及与社区文化、体育、慈善福利等有关的大型公众活动。

9. 礼宾服务。为客户安排、组织重要的外交活动,如贵宾和要人的访问参观、大型宴会等。

10. 印刷制作。为客户设计、编制、印刷各种文字宣传资料和纪念品,如介绍性书籍、公共关系杂志、宣传画册或活页、宣传招贴、产品或服务介绍,以及代表企业标识的徽记、商标、招牌、纪念品等。

11. 音象制作。为客户制作影片、录象带、幻灯片、图片、录音带等视听材料。

12. 培训服务。举办公共关系和传播人员的技术培训班,培训公共关系人员或特定的传播人员。

总之,公共关系公司是专业化的传播机构,依赖传播策划、传播制作、传播实施等方面的人才,运用各种传播媒介与沟通技术,专门为客户提供传播沟通方面的专业服务。

三、专业公共关系顾问的作用和意义

美国的企业聘请公关顾问的现象几乎与聘请法律顾问一

样普遍。随着我国公关业的发展,企业聘请公关顾问的情况也会渐渐出现。这就有必要了解公关顾问的职责、意义。

1. 公共关系顾问的职责主要是：帮助主顾分析公共关系失调的情况、原因以及后果；预测可能造成当事人社会行为失调及导致不良社会舆论的潜在因素；向当事人提出劝告和建议,制定公共关系的工作规划,提出防范或纠正的措施,为决策作参谋；帮助或指导当事人调整公共关系,维持良好的形象和声誉等。

2. 聘请公共关系顾问的意义。首先是"旁观者清",客观性强。外聘顾问置身于局外,不受组织内人事关系的束缚,对事物的判断比较客观,敢于提出疑问和反对意见。其次是专业水准比较高,可利用专业公关公司的信息库、关系网络以及有关专家的经验和知识为主顾服务,亦可为当事人提供较为全面的技术服务。再次是业务灵活性较大。外聘顾问的意见可作参考,而并非必须采纳；在遇到意外的公共关系专案时,求助于顾问可不必临时增加正式人员编制,又可应付急需。

3. 聘请公关顾问的一般原则。一是正确选择有专业水准及良好品德的顾问。二是信任顾问,为其提供真实、准确的资料和活动方便,不随便干涉顾问的活动。三是与顾问保持良好的联系和接触,定期邀请顾问出席情况分析会和决策会议。四是尊重顾问的判断意见,虚心听取其忠告及反对意见,不采纳则作出详细说明。五是以"防火为主"、"防病为主",不要出了事才急忙聘请顾问,最好是在顺境中聘请顾问作预测性的咨询。六是为决策作参谋的外聘顾问应相对稳定和长期,才可能在真正了解组织真实情况的基础上提出较有价值的意见。

由于我国公共关系事业刚刚起步,公关业的专业水准不高,公关顾问人才奇缺,因而,公共关系的咨询业务要真正发展起来还有一个比较长的过程。

第四节 公共关系人员与全员公关

从微观层次上看,公共关系人员是最基本的公共关系活动主体。虽然不同类型的组织、不同层次的管理活动对公关人员的具体要求有许多差别,但随着公共关系职业水准的提高,对公关人员专业化的要求也将日益提高。有志于从事公关事业的工作者都应了解其基本条件、专业知识要求和基本的职业行为准则。

一、公共关系人员的日常工作

在专门业务方面,公关人员应该是传播沟通方面的专业人才。虽然不同组织、不同岗位的公关人员的具体工作内容有差别,但以下是公关人员日常业务中最一般的内容:

1. 文字撰写。包括新闻稿件,广告文稿,宣传手册,杂志文章,计划书与报告书,演讲稿,电视或电影脚本,简报与通告,各种公关函件,商业文件等等。

2. 编辑。包括报刊、杂志、书籍、文集、宣传手册、宣传栏等等的编辑工作。

3. 设计与创作传播资料。包括小型宣传品、海报、广告、摄影和视听制品、企业标识等等。

4. 调查研究。包括抽样设计,制作问卷,实施调查,统计分析等。

5. 咨询与规划。为具体项目和任务作计划,进行人、财、物方面的预算与规划。

6. 策划与组织活动。包括会议，专题活动，应急事件，展览活动等。

7. 演讲与主持。包括新闻发布会，庆典仪式，大型活动的演讲与主持。

8. 游说。劝服有关对象接受或放弃某一观点或意见。

9. 新闻界联系。保持与各类新闻媒介的日常接触与沟通，争取新闻宣传机会。

10. 公众联络与交往。包括社会名流、社区关系等方面的访问、接待等工作。

11. 管理和训练。监督、管理公关实施过程，训练有关人员的公关能力。

二、公共关系人员的基本条件

1. 性格。在性格方面比较理想的，是外向、开朗加上耐心和善于自控。公关需要"多交友"，外向、开朗的性格有助于交际沟通，受人欢迎；公关应该"少树敌"，忍耐和自控性强有利于缓和冲突，消除对立。公关人员常常要作为组织的"代言人"出头露面，外向和开朗易于做到应酬自如，从容不迫；公关人员又常在幕后出谋划策，做大量的调查分析工作，耐心和自控有利于保持清醒的头脑和理智的分析能力。公关人员既要在前台作为组织形象的传播者，又要隐居幕后充当组织形象的设计者；既要善于表达和推销自己，又要善于接受对方等等。这都要求公关人员性格比较完整，善于调整自身的心理和行为。在这方面富于幽默感是颇有益处的。

2. 品德。平等真诚，公道正派，讲求信用是十分重要的公关之道。平等交往，以诚待人，是沟通成功的要诀；出以公心，作风正派，行为良好是塑造形象的前提；讲求信用，"言必信，行必果"，是现代交往中建立信誉的根本保证。

3. 智慧和经验。公关人员应该善于观察，多思多智，反应敏捷，敢于创新，兴趣广泛。对外界的人和事物保持高度兴趣，并善于在不同的场合与不同的人物相处，灵活地运用多种传播沟通技巧。因此，阅历丰富，特别是具有新闻工作、市场推销、人事管理、广告宣传、经营管理等方面的经验，有助于适应公关工作。

4. 知识修养。鉴于公关工作对象、内容和手段的多样性、复杂性，公关人员基本上应该是通才式的人才。知识面广，良好的教育，是公关人员涵养的基础。一个专业的公关人员，除了必须精通公共关系学的理论和技术外，还应该掌握传播学、舆论学、社会心理学、市场营销学、广告学、行为科学、工商或行政管理学，以及社交技巧和礼仪、新闻写作、社会调查和民意测验、演讲和谈判、编辑和摄影等方面的学科知识，还有本组织有关的专业知识。

5. 基本能力。公关人员应该具备较高的组织策划能力，调查分析能力，语言和文字表达能力，交际沟通能力。具备这些能力才能胜任领导的决策参谋、宣传顾问和外交使者。最好还具备某种公关工作的专业技能，如设计、美工、摄影等。

6. 仪表仪态。公共关系人员是组织形象塑造者，对自身的形象也应有较高要求。应该相貌端正，精神饱满，衣冠整洁，举止大方，熟悉待人接物的礼节规范，以良好的仪表和风度去树立良好的社交形象。

对于公关人员的素质，还有许多不同的提法。著名的英国公共关系学者杰夫金斯在《公共关系学》中对公关人员的素质提出了五条要求：① 与各类人物相处的能力，这意味着善于理解别人,能容忍别人,不讨好别人。② 传播的能力,包括口头的、文字的乃至利用视觉等非语言沟通媒介。③ 组织能力,包括善于安排计划。④ 诚实,无论在职业生活或个人生活中都应如此。⑤ 想象力,亦即创造性。

美国亚历山大·汉米尔顿研究院出版的《企业公共关系》对一个公共关系主管人提出了下列条件:① 具有沟通思想的语言、文字技巧。② 具有工商企业的知识,或具备迅速吸收这种知识的能力。③ 诚实正直,既能坚持正确观点又不至于与他人结怨。④ 深入了解人们的需要,善于与他人一同工作。⑤ 具有判断力,能独立思考,处变不惊,能按照先后缓急安排和组织工作。⑥ 聪明好奇,有广泛的兴趣。⑦ 了解新闻界的工作特点与方式。⑧ 愿意苦干而不出风头。⑨ 能够不引用先例或上级指示来决定工作的层次。⑩ 了解领导的意图,了解制定政策的根据。

《塑造形象的艺术——公共关系学概论》一书的作者则将对公关人员的要求概括为"企业家的头脑","宣传家的技巧","外交家的风度"。

美国与欧洲的有关杂志为了帮助人们掌握未来职业发展的主流,曾多次预测90年代到21世纪的热门职业,其中均包括公关专业领域。在我国沿海开放地区,"公关人员"也成了一种时髦的职业。但我国的公共关系专业人才缺乏,现有的公关人员也急待提高专业素质。可以参考以上所提到的一些要求进行培训或自我完善。

三、公共关系人员的职业行为准则

由于公共关系职业化的发展,欧美等发达国家以及一些第三世界国家的公共关系协会均制定出各自的职业道德守则,作为行业自律的标准。中国公共关系协会1987年6月成立后,亦将此问题列入议程。但我国公共关系的实践尚不充分,要摸索出一套适合中国国情的公关人员职业道德守则还有待公关实践的发展和公关行业的成熟。下面列出国际公共关系协会职业行为准则,以作参考:

1. 国际公共关系协会成员必须竭诚做到以下各条:

第一条 为建设应有的道德、文化条件,保证人类得以享受《联合国人权宣言》所规定的诸种不可剥夺的权利作贡献。

第二条 建立各种传播网络和渠道,以促进基本信息的自由流通,使社会的每一成员都有被告知感,从而产生归属感、责任感、与社会合一感。

第三条 牢记由于职业与公众的密切联系,个人的行为——即使是私人方面的——也会对事业的声誉产生影响。

第四条 在自己的职业活动中尊重《联合国人权宣言》的道德原则与规定。

第五条 尊重并维护人类的尊严,确认各人均有自己作判断的权利。

第六条 促成为真正进行思想交流所必需的道德、心理、智能条件,确认参予的各方都有申述情况与表达意见的权利。

2. 所有成员都应保证:

第七条 在任何时候任何场合,自己的行为都应赢得有关方面的信赖。

第八条 在任何场合,自己均应在行动中表现出对自己所服务的机构和公众双方的正当权益的尊重。

第九条 忠于职守,避免使用含糊或可能引起误解的语言,对目前以及以往的客户或雇主都始终忠诚如一。

3. 所有成员都应力戒:

第十条　因某种需要而违背真理。

第十一条　传播没有确凿依据的信息。

第十二条　参予任何冒险行动或承揽不道德、不忠实、有损于人类尊严与诚实的业务。

第十三条　使用任何操纵性方法与技术来引发对方无法以其意志控制因而也无法对之负责的潜意识动机。

四、全员PR管理

作为一种经营管理职能,公共关系的责任是管理一个组织的"无形资产":知名度、信誉度、公众舆论和关系网络等。正因为"无形",大大增加了公共关系工作的难度:公关工作的成功,不仅需要依靠专职的公关部门和公关人员的不懈努力,而且有赖于一个组织各个部门和全体人员的整体配合。所以,一个组织上至最高领导,下至每一个成员,都是有形无形的公关人员。所谓"全员PR管理",即通过全员的公关教育与培训,增强全员的公关意识,提高全员公关行为的自觉性,加强整体的公关配合与协调,全面发动全员的公关努力,形成浓厚的组织公关氛围与公关文化。

(一)领导的公共关系意识

一个组织的领导,必须对自己组织的声誉和形象承担直接责任。因此,应该具备强烈的公共关系意识,关注组织的公共关系状况,在经营管理中提出公共关系方面的要求,在实际工作中支持和指导公共关系的工作。公共关系业务的特殊性在于,它渗透于日常的行政、业务工作的各个环节,必须从全局和战略的角度加以协调管理。如果说,一个企业的生产、技术、财务、市场、人事工作可以依靠有关的专家来分管,那么,企业组织的形象和声誉就必须由最高负责人亲自负责。没有组织主要领导人的关心和支持,公共关系工作就不可能成功。国外的大中型企业,大都由一名副总经理甚至总经理主管公共关系工作,以便参与决策。即使是具体职能部门或基层的负责人,也需要了解自己的公共关系责任:① 弄清自己的工作职责与公共关系的关系;② 努力使所属部门的业务支持整体公共关系目标;③ 在工作中及时向公共关系人员寻求忠告和协作;④ 让公共关系部门了解本部门的计划、作业、人员变动及新产品等最新信息。

(二) 全员的公共关系配合

要将公共关系的经常性工作与全体干部、职工的日常行政、业务、生产工作结合起来。各职能部门和生产单位在自己的工作范围内作决策、订计划时,都应该自觉地配合组织公共关系的目标。公共关系的好坏,也应该成为对各部门业务工作进行评价考核的一项标准。相应地,应该在有关的规章制度中明确每一部门或岗位对公共关系应负的责任:如生产部门的质量问题、销售部门的服务态度问题、人事部门的职工关系、宣传部门的新闻界关系、办公室的社区关系、门卫的仪表仪态、电话总机接线员的服务方式等等,均角度不同地涉及组织整体的声誉和形象。因此,需要经常在干部、职工中进行公共关系的教育和训练,开展公共关系方面的评比和奖励(如宾馆酒店中评选"微笑大使"、"礼貌使者")。

(三) 组织的公共关系文化

全员公共关系有赖于在组织内部形成一种浓厚的公关风气、公关氛围。应该在组织内部普及公共关系教育,使全体干部、职工认识到,一个组织的形象、信誉等无形资产比有形的资金、设备更为珍贵,更为难得。良好的形象能使一个企业组织所拥有的实物资产增值;恶劣的形象会使一个企业组织的有形资产贬值。而创造和维护良好的形象和声誉人人有责,要靠大家共同努力;应该人人讲公关,人人搞公关。凡是为组织赢得声誉的言论和行为,都应得到崇高的评价和奖赏;凡是损害组织形象的言论和行为,都应视作形象事故来认真处理。应使干部、职工在内外交往中自觉注意公共关系,使之蔚然成风。

思 考 题

1. 组织的性质和类型对公关行为有什么影响?
2. 如何理解公关部门在组织中的性质和地位?
3. 联系实际思考在组织内部设置公关机构的方式和特点。
4. 公共关系公司的经营范围是什么?
5. 公关人员的日常业务有哪些?
6. 一个公关人员应具备哪些基本条件?
7. 什么是全员 PR 管理?

第五章 公共关系的对象

本章要点：简要介绍"公众"的涵义，以及公众分类的方法，分析主要的目标公众，阐述公共关系对象的基本理论。

第一节 公众及其分类

公共关系亦称"公众关系"，其工作对象就是与公关行为主体相关的公众群体。正确地认识公众，分析和研究自己的公众对象，是做好公共关系工作的重要前提。

一、"公众"的涵义

所谓公众，指与公共关系主体利益相关并相互影响和作用的个人、群体或组织的总和，即公共关系传播沟通活动的目标对象。"公众"这一概念具有五个基本涵义：

1. 群体性。公众对象不是单一的，而是与某一组织运行有关的群体环境。任何组织的生存和发展都离不开一定的公众群体环境。这个公众环境指组织运行过程中必须面对的公众关系和公众舆论的总和。这些公众关系和公众舆论范围很广，涉及组织内部和外部，社会方方面面，而且相互关联，构成复杂。公关工作不可以只注意其中某一类公众，而忽略了其他公众。对任何一种公众的疏忽，都可能程度不同地影响到整体公众环境的质量,甚至导致公众环境的恶化,从而影响组织的正常生存和发展。因此,首先应该将组织面对的公众视作一个完整的环境,用全面的、系统的观点来分析自己的公众,注意组织与公众环境之间的整体平衡与协调。

2. 共同性。公众不是一盘散沙,而是具有某种内在共同性的合群体。当某一群人、某一社会阶层、某些社会团体因为某种共同性而发生内在联系时,便成为一类公众。这种共同性即相互之间的某种共同点,比如共同的利益、共同的需求、共同的目的、共同的问题、共同的意向、共同的兴趣、共同的背景等等。这样一些共同点,使一群人或一些团体和组织具有相同或类似的态度与行为,构成组织所面临的一类公众。因此,了解和分析自己的公众,必须了解和分析其内在的共同性、内在的联系,这样才可能化混沌为清晰,从公众群体中区分出不同的对象来。

3. 多样性。公众的存在形式不是单一的,而是复杂多样的。"公众"仅仅是个统称,具体的公众对象形式可以是个人,可以是群体,也可以是团体或组织。日常的公关工作对象,包括多种多样的个人关系、群体关系、团体关系、组织关系等等。即便是同一类的公众对象,也可以有不同的存在形式。如媒介关系可以表现为前来采访的记者,也可以是记者协会、新闻学会,或报社、电台、电视台编辑部等等。公众对象具体形式的多样性,决定了公共关系沟通方式和传播媒介的多样性。认识公众就必须认识公众具体的存在方式。

4. 变化性。公众不是封闭僵化、一成不变的对象,而是一个开放的系统,处于不断变化发展的过程之中。任何组织的公众对象的性质、形式、数量、范围等均会随着主体条件、客观环境的变化而变化:有的关系产生了,有的关系消失了;

有的关系不断扩大,有的关系又可能缩小;有的关系越来越稳固,有的关系越来越动荡;有的关系甚至发生性质上的变化——竞争关系转化成协作关系,友好关系却转变成敌对关系等等。公众环境的变化,必将导致公关工作目标、方针、策略、手段的变化。反过来,组织自身的变化也会导致公众环境的变化,如组织的政策、行为、产品的变化,使公众的意见、评价、态度或行为发生相应的变化,这种变化的结果又可能倒过来对组织产生影响、制约作用。可见,必须以动态的、发展的眼光来认识自己的公众对象。

5. 相关性。公众不是抽象的、各组织相互"通用"的,而是具体的、与特定的公关主体相关的。"公众对象"总是相对一定的公关行为主体(组织或个人)而存在,与该主体相关;即公众的意见、观点、态度和行为对该主体具有实际或潜在的影响力和制约力,甚至决定组织的成败;同样,该主体的决策和行为也对这些公众具有实际或潜在的影响力和作用力,制约着他们利益的实现、需求的满足、问题的解决等等。这种相关性便是组织与公众形成关系的关键。寻找公众、确定公众很重要的,就是寻找和确定这种相关性,并把它们具体地揭示出来,分析清楚,从而确定自己的目标公众。正确地认识公众的相关性、差异性,是制定公关政策的依据。

二、公众分类的方法

公众的构成是复杂的,科学的公关工作应该建立在科学的公众分类基础上,以便根据不同类型的公众制定不同的方针、政策和措施,下面介绍若干较为常用的公众分类的方法:

1. 根据组织的内外对象分类,可区分为内部公众和外部公众两类。内部公众即组织内部的成员群体,如管理人员、技术人员、生产人员、销售人员、辅助人员以及股东公众等。这是内求团结的对象。外部公众即组织的外部沟通对象群体,如消费者、协作者、竞争者、记者、名流、政府官员、社区居民等等。

公共关系的政策需要内外有别。公共关系传播的信息是经过选择、整理的有序的信息资料,哪些在内部传播,哪些在外部传播;内部传播和外部传播在形式、尺度、时间等方面都有区别。组织内部的情况不能毫无控制和调节地宣扬出去,必要的保密也是一种重要的传播政策。在对外传播之前,内部传播必须统一口径,否则就会造成整体形象的混乱。

2. 根据关系的重要程度分类,可区分为首要公众和次要公众两类。首要公众即关系到组织生死存亡,决定组织成败的那部分公众对象。比如酒店宾客关系中的 VIP（Very Important Person,特别重要的人物）,就是首要公众的概念。这类公众关系须投入大量人力、物力与时间来维持与改善。次要公众指那些对组织的生存和发展有一定影响、但没有决定性意义的公众对象。次要公众也不应完全放弃,在保证首要公众的前提下也应兼顾,因为次要公众也可能转化为首要公众。

公共关系的资源投入必须区分轻重缓急,不应绝对地平均使用。组织的公共关系投资往往是有限的,从投入产出的比率来看,应该清醒地认识到,虽然首要公众只占公众数量的20%或更少,可他们给组织带来的传播效益却可能占80%以上,因此对他们的公关投入应该占比较大的比重,使有限的资源用在刀刃上。

3. 根据关系的稳定程度分类,可区分为临时公众、周期公众和稳定公众三类。临时公众是因某一临时因素、偶发事件或特别活动而形成的公众对象,如因为飞机航班误点而滞留机场的旅客、足球场闹事的球迷等。周期公众是指按一定规律和周期出现的公众对象,如逢节假日出现的游客高峰、招生时节的考生及家长等。稳定公众即具有稳定结构和稳定关系的公众对象,如老主顾、常客、社区居民等。

划分临时公众、周期公众和稳定公众,是制定公共关系临时对策、周期性政策和稳定策略的依据。每个组织都难以事先完全预测到某些突发事件的产生,往往会面对一些临时公众构成的额外压力,需要公共关系部门进行应急处理,因此需要有应变对策。周期公众的出现则是有规律的、可以预测的,能够事先制定公关计划,作好必要的准备工作,按照一定的程序来处理。而稳定的公众对象作为组织的基本公众,需要采取特殊的措施和政策,以示关系的密切性。

4. 根据公众对组织的态度分类,可以划分为顺意公众、逆意公众和边缘公众三类。顺意公众指那些对组织的政策、行为和产品持赞成意向和支持态度的公众对象。逆意公众指对组织的政策、行为或产品持否定意向和反对态度的公众对象。边缘公众则是指对组织持中间态度、观点和意向不明朗的公众对象。

公众的态度是制定传播政策的又一依据。公关的一项基本政策是"多交友,少树敌"。因此应该尽可能争取支持,减少敌意。首先,应该将顺意公众当作组织的财富,悉心维护和"保养"这种关系。其次,要注意做好逆意公众的转化工作,改变其敌对的态度,即使不能将其转化为顺意公众,也应促其成为边缘公众。再次,耐心细致地做好争取边缘公众这个"大多数"的工作,引导他们成为顺意公众,防止他们成为逆意公众。边缘公众的态度倾向往往成为公关竞争中的决定因素,因此常常是公关工作的"必争之地"。

5. 根据组织的价值取向,可以划分为受欢迎的公众、不受欢迎的公众和被追求的公众三类。受欢迎的公众即完全迎合组织的需要并主动对组织表示兴趣和沟通意向的公众对象。如自愿的投资者、慕名前来的顾客、为组织采写正面宣传文章的记者等。不受欢迎的公众指违背组织的利益和意愿,对组织构成潜在或现实威胁的公众。如各种对组织抱有敌意的人士,或对组织构成额外压力和负担的群体等。被追求的公众指符合组织的利益和需要,但对组织却不感兴趣、缺乏交往意愿的公众。如著名的记者、社会名流等。

公关传播政策还取决于组织自身的目的和需要,以便使组织的传播活动与组织的利益相一致。受欢迎的公众是一种两厢情愿、一拍即合的关系,不存在沟通的障碍,沟通的结果对双方都有较为平等的利益。而不受欢迎的公众则是组织不愿意与其交往,力图躲避,不愿接触,却对组织不断构成压力或威胁,成为组织的"入侵者",组织往往需要采取针锋相对的传播政策。被追求的公众属于符合组织利益和需要,却存在较大的传播障碍、不易沟通、难以如愿的关系对象,组织需要制定较为特殊的传播对策。

6. 根据公众发展过程的不同阶段,可以将公众划分为四类:非公众、潜在公众、知晓公众、行动公众。非公众指与组织无关,其观点、态度和行为不受组织的影响,也不对组织产生作用的公众群体。潜在公众即由于潜在的公共关系问题而形成的潜伏公众、隐患公众、隐蔽公众或未来公众。知晓公众即已经知晓自己的处境,明确意识到自己面临的问题与特定组织有关,迫切需要进一步了解与该问题有关的所有信息,并开始向组织提出有关的权益要求。行动公众即已采取实际行动,对组织构成压力,并迫使组织相应采取行动的公众群体。

在公众发展的不同阶段,组织应该采取不同的公关对策。划分出非公众是为了减少公关传播的盲目性,提高公关工作的准确性和针对性,并避免不必要的浪费。对于潜在公众应该未雨绸缪,加强预测,密切监视势态的发展,分析各种可能的后果,制定多种应付的方案,积极引导事情向好的后果发展。对于知晓公众则应该采取积极主动的公共关系姿态,及时沟通,主动传播,满足公众要求被告知的心情,使公众对组织产生信赖感,主动控制舆论局势。最后,对于行动公众必须采取相应的行动,将压力转变为动力,转变为对组织有利的合力。

第二节 目标公众分析举要

每个组织都有特定的目标公众对象。组织的性质、类型不同,具体的目标公众对象也就不完全相同。比如政府的目标公众对象、企业的目标公众对象、学校的目标公众对象,相互之间会有很大的差异。以下列举一般社会组织较为常见的、带有一定共性的目标公众,简要分析其内容、目的和传播意义。

一、内部公众

内部公众指组织内部沟通、传播的对象,包括组织内部全体成员构成的公众群体,如企业内部的员工、股东;政府部门内部的干部、工作人员等等。内部公众既是内部公关工作的对象,又是外部公关工作的主体,是与组织自身相关性最强的一类公众对象。

加强内部公众沟通的目的,是培养组织成员的向心力、凝聚力;培养组织成员的主体意识和形象意识。其传播意义可以从两个方面来认识:

(一) 组织需要通过自身成员的认可和支持来增强内聚力

一个组织的存在价值和整体形象在取得社会的认可以前,首先需要得到自己成员的认可;组织的目标和任务在赢得社会支持之前,首先需要赢得自己成员的配合与支持。否则,组织的价值和目标将会落空,组织将无法作为一个整体面对外部社会公众。每一个成员都是组织的细胞,他们对组织有机体的认同和依附,是这个有机体得以存在的基础。因此,良好的内部关系是公共关系的起点,组织内部的公关工作首先要增强内聚力,将全体成员组合成为一个有机的整体。

要达到这一目的,就需要将本组织的成员视作传播沟通的首要对象,尊重组织成员分享信息的权力,争取他们的了解与理解,形成信任与和谐的内部气氛。如果内部传播障碍,沟通不灵,成员对本组织的信息没有了解的优先权,甚至于外部社会早已纷纷扬扬,自己的成员还蒙在鼓里,就会在组织内部产生麻木不仁、忧虑不安、焦急烦恼、猜疑传言等消极情绪和现象,从而形成隔阂冷漠、离心离德的状况。要避免这种情况的发生,就需要健全组织内部的传播渠道,完善组织内部的沟通机制,使全体成员在信息分享和感情沟通中与组织融为一体。

(二) 组织需要通过全员公共关系来增强外张力

一个组织的对外影响力有赖于全体成员的努力与配合。因为每一个组织成员都是组织与外部公众接触的触角,都处在对外公共关系的第一线;组织的整体形象必须通过他们在各自工作岗位上的良好行为具体体现出来。如电话总机的接线员，服务台、问询处、接待室的工作人员，行政部门的办事员，业务部门的业务员，乃至生产线上的员工等等，都是有形无形的公关人员，他们的一言一行都代表着组织的形象。在对外交往中，每一位组织成员都是非常重要的公共关系行为主体。这种主体性的发挥则有赖于他们对组织的认同感和归属感，向心力和凝聚力。组织的外张力是与组织的内聚力成正比的。一个组织如果希望其成员能够时时处处自觉地维护组织的形象，就应该时时处处善待和尊重自己的成员，将他们作为重要的公共关系对象，努力培养他们对组织的认同感、归属感，增强他们对组织的向心力、凝聚力。

从管理哲学的角度看，公共关系工作要处理好团体价值与个体价值之间的矛盾。公共关系的目标是要追求较高的团体价值，即塑造本组织良好的整体形象，提高本组织的社会地位，争取较好的组织知名度和美誉度。从公共关系工作的实际着眼点来说，它是专门做人的工作的，必须从确立个人的价值入手，使团体中的每个成员（以及与这个团体有关的所有个人）都能在团体的环境中追求和实现个人的价值。如果能够创造这样一种团体环境：在这个环境中，个体能充分展示自己的个性和追求自己的价值，那么这个团体就具备了足够的凝聚力，并且使团体价值通过许许多多个体的创造性活动得以充实和体现。也就是说，追求团体价值的公共关系工作，首先应该从尊重个体价值做起，必须将个体价值与团体价值辩证地、有机地结合为一体。

二、顾客公众

顾客公众指购买、使用本组织提供的产品或服务的个人、团体或组织。如企业产品的用户、商店的顾客、酒店的客人、电影院的观众、出版物的读者等,包括个人消费者和社团组织用户。顾客是与组织具有直接利益关系的外部公众,是工商企业组织市场传播沟通的重要目标对象。

建立良好顾客关系的目的,是促使顾客形成对组织及其产品的良好印象和评价,提高组织及其产品的知名度和美誉度,增加对市场的影响力和吸引力,为实现组织和顾客公众的共同利益服务。对顾客公众做好公共关系的意义在于:

(一) 良好的顾客关系能够为组织带来直接的利益

一个组织的存在价值,很大程度上在于其产品或服务能够得到顾客的接受和欢迎。组织的经济效益需要在市场上实现,而顾客就是市场,有了顾客才有市场。虽然与顾客的沟通并不等同于市场经营中的销售关系、直接的买卖关系,但良好的顾客公共关系的确有利于企业组织的市场销售关系,能够给企业带来直接的利益。因此,顾客公众是企业组织公共关系对象中利益关系最直接、明显的外部公众。顾客关系是企业市场经营的生命线。

在企业与顾客的市场供求关系之中,存在着大量的信息交流关系和情感沟通关系。没有充分的信息传播,没有融洽的感情沟通,市场的商品交换关系就难以建立,更难以稳定和持久。在争取顾客的注意力、影响顾客的消费选择和消费行为的市场信息传播竞争中,公共关系日益成为企业青睐的市场传播手段。它运用多元化的传播沟通方法去疏通渠道,理顺关系,清除障碍,联络感情,吸引公众,争取人心,为产品的销售营造一个良好的气氛与和谐的环境。

(二)良好的顾客关系体现企业组织正确的经营观念和行为

顾客公共关系工作要求企业组织将顾客的利益和需求摆

在首位,通过满足顾客的需求和权利来换取组织的利益。企业组织的性质决定了它必然要通过经济活动去赢取利润;而公共关系的经营思想认为,利润不应该是企业贪婪的追求,而应该是顾客接受、赞赏和欢迎企业的产品和服务所投的信任票。只有赢得顾客的心、获得顾客的信任与好感的企业,才可能较好地获得自己的利润。因此,企业的一切政策和行为都必须以顾客的利益和需求为导向,在经营观念和行为上自觉地为消费者所有,为消费者所治,为消费者所享。而这种经营观念和行为必然表现为企业良好的顾客公共关系,即企业在市场公众心目中具有良好的声誉和形象。

三、媒介公众

媒介公众指新闻传播机构及其工作人员,如报社、杂志社、广播电台、电视台及其编辑、记者。媒介公众是公共关系工作对象中最敏感、最重要的一部分。这种关系具有明显的两重性:一方面新闻媒介是组织与广大公众沟通的重要中介;另一方面新闻界人士又是需要特别争取的公众对象。媒介与对象的合一,决定了新闻媒介关系是一种传播性质最强、公共关系操作意义最大的关系。从对外公共关系实务工作层次来看,新闻媒介关系往往被置于最显著的位置,甚至被称为对外传播的首要公众。

与新闻媒介建立良好关系的目的是争取新闻传播界对本组织的了解、理解和支持,以便形成对本组织有利的舆论气氛;并通过新闻媒介实现与大众的广泛沟通,增强组织对整个社会的影响力。媒介公共关系的意义在于:

(一) 良好的媒介关系有利于形成良好的公众舆论

新闻传播机构及人士是社会信息流通过程中的"把关

人"(Gate keeper,传播学中亦称为"守门人"),他们决定着各种社会信息的取舍、流量和流向,确定着公众舆论的中心议题,能够赋予被传播者特殊的、重要的社会地位,即具有"确定议程"和"授予地位"的功能。某个组织、人物、产品或事件如果成为新闻界报道的热点,便会成为具有公众影响力的舆论话题,获得较高的社会知名度;而且,一个信息通过新闻界作客观的报道,容易获得公众的信任,有利于美誉度的提高。公共关系的一项重要任务,就是为组织创造良好的公众舆论,争取舆论的理解和支持。因此,与"把关人"建立良好的关系,有助于争取媒介报导的机会,使组织的有关信息比较顺利地通过传播过程中的层层关口,形成良好的公众舆论环境。

(二)良好的媒介关系是运用大众传播手段的前提

组织要实现大范围、远距离的沟通,就必须借助于各种现代大众传播媒介。大众传播借助于现代印刷、电子等传播技术,大量地、高速度地复制信息,跨越时间和空间的限制,实现大范围、远距离的传播。这是现代公共关系的主要手段之一。但是,大众传播媒介一般不是由组织内的公共关系人员直接掌握和控制的。有关的信息能否被大众媒介所报导,以及报导的时机、频率、角度等等,要取决于专业的传播机构和人士。除花钱作广告之外,公共关系对大众媒介的使用必须通过新闻界人士才可能实现。因此,与新闻界人士建立广泛、良好的关系,是运用大众媒介、争取媒介宣传机会的必要前提。与新闻界关系越多,组织有关信息的报导数量就越多;与新闻界关系越好,组织有关信息的报导质量就越好。媒介关系的这种公关传播性之强,是其他公众对象难以比拟的。

四、政府公众

政府公众对象指政府各行政机构及其官员和工作人员，即组织与政府沟通的具体对象。任何社会组织都必须接受政府的管理和制约，因此需要与政府的有关职能机构和管理部门打交道，包括工商、人事、财政、税务、市政、治安、法院、海关、环保、卫检等政府职能部门及其工作人员。它是所有传播沟通对象中最具社会权威性的对象。组织必须与政府各职能部门建立和保持良好的沟通，这是组织生存、发展的重要保障和条件。

与政府保持良好沟通的目的，是争取政府及各职能部门对本组织的了解、信任和支持，从而为组织的生存和发展争取良好的政策环境、法律保障、行政支持和社会政治条件。具体分析政府公共关系的意义有两点：

（一）政府的认可和支持是最具高度权威性和影响力的认可和支持

政府掌握着制定政策、执行法律、管理社会的权力职能，具有强大的宏观调控力量，代表公众的意志来协调各种社会关系。一个组织的政策、行为和产品如果能够得到政府官方的认可和支持，无疑将对社会各个方面产生重大影响，甚至使组织的各种渠道畅通无阻。为此，应该把握一切有利时机，扩大本组织在政府部门中的信誉和影响，使政府了解本组织对社会、对国家的贡献和成就。如一个企业可以利用新厂房落成、新生产线投产、企业周年志庆、新技术新产品问世等机会，邀请、安排政府主管部门领导及党政要人出席企业的重要活动，主持奠基仪式或落成剪彩，参观新设备、新产品，通过种种现场活动，提高政府部门对本企业的信心和重视程度。

（二）与政府建立良好关系能够为组织形成有利的政策、法律和社会管理环境

政府的政策、法律、管理条例是一个组织决策与活动的依据和基本规范，组织的一切行为都必须保持在政策法令许可的范围之内。通过良好的政府关系，组织能够及时了解到有关政策的变动，能够较方便地争取到政策性的优惠或支持，能够对有关本组织的问题在进入法律程序或管理程序之前参与意见，使之对组织的发展有利。为此，应该主动建立和加强组织与政府有关部门之间的双向沟通。一方面，组织的公关部门应该详尽地分析研究政府的方针、政策、法令，提供给本组织领导及各部门参考，使组织的一切活动都保持在政策法令许可的范围内，并随时按照政策法令的变动来修正本组织的政策和活动。另一方面，组织的公关部门应随时将实际工作部门的具体情况上传至政府有关部门，并根据本地区、本行业、本部门的特殊情况，主动地提出新的政策设想和方案，并通过适当的渠道进行说服性的工作，协助发现及纠正政策执行中出现的偏差或失误。

此外，处理政府关系，还需要熟悉政府机构的内部层次、工作范围和办事程序，并与各主管部门的具体工作人员保持良好关系，以免因办事未循正规的程序或越出固定的工作范围而走了弯路，减少人为造成的"公文旅行"或"踢皮球"的现象，提高行政沟通的效率。

五、社区公众

社区公众指组织所在地的区域关系对象，包括当地的权力管理部门、地方团体组织、左邻右舍的居民百姓。社区关系亦称区域关系、地方关系、睦邻关系。社区是一个组织赖

以生存和发展的基本环境,是组织的根基,与组织在空间上紧密地联系在一块,千丝万缕难以分离。共同的生存背景使社区公众具有"准自家人"的特点。

发展良好的社区关系是为了争取社区公众对组织的了解、理解和支持,为组织创造一个稳固的生存环境;同时体现组织对社区的责任和义务,通过社区关系扩大组织的区域性影响。

(一) 社区关系直接影响着组织的生存环境

社区如同组织扎根的土壤,没有良好的社区关系,组织就会失去立足之地。社区公众是由特定的活动空间所确定的,区域性、空间性很强。地方性组织的活动直接受社区公众的制约,社区关系便直接影响着组织其他各方面的关系,如员工家属关系、本地顾客关系、地方的政府关系和媒介关系等等。跨区域性的组织也不能脱离特定的社区,甚至要善于同各种不同背景的社区公众打交道,以争取社区提供各种地方性的服务和支持,使跨区域性组织能够在各种完全不同的社区环境下生存和发展。因此,组织需要将社区作为自身发展的一个组成部分,将社区公众视作"准自家人"。

(二) 社区关系直接影响着组织的公众形象

社区公众涉及当地社会政治、经济、文化、教育等各个方面和阶层,类型繁多,涉及面广,对组织客观上存在着各种不同的感受、要求和评价;由于处在同一社区,对组织的某一种评价和看法又极容易相互传播,形成区域性的影响,从而形成组织的某一种公众形象。很显然,组织的社区关系好坏,便直接影响着组织的社会公众形象。比如一家企业,即使产品很好,远销海外,但如果社区关系恶劣,所形成的不良形象最终也会影响到市场的销售。一个组织如果连左邻右舍的关系都处理不好，就很难在社会上获得良好的名声。组织要提高自身在社区中的地位，就要树立一个"合格公民"的形象，主动承担必要的社会责任和义务，像爱护自己的家业一样爱护社区，在社区的物质文明和精神文明建设方面发挥中坚作用，为社区造福，为社区公众多做贡献。

六、名流公众

名流公众指那些对公众舆论和社会生活具有较大的影响力和号召力的有名望人士，如政界、工商界、金融界的首脑人物，科学界、教育界、学术界的权威人士，文化、艺术、影视、体育等方面的明星，新闻出版界的舆论领袖等。这类关系对象的数量有限，但对传播的作用很大，能在舆论中迅速"聚焦"，影响力很强。通过社会名流去影响公众和舆论，往往具有事半功倍的效果。

建立良好的名流关系的目的，是借助名流的知名度扩大组织的公共关系网络，扩大组织的公众影响力，丰满组织的社会形象。其意义和作用包括：

（一）借助于社会名流的知识和专长

与社会名流建立良好关系，能充分利用他们的见识、专长为组织的经营管理提供有益的意见咨询。社会名流往往见多识广，或是某一方面的权威，组织的管理人士能够在与他们交往的过程中获得广泛的社会信息或宝贵的专业信息，无形中使企业增添了一笔知识财富、信息财富。

（二）借助于社会名流的关系网络

与社会名流建立良好关系，能通过他们良好的社会关系网络为企业广结善缘。有些社会名流虽然不可能为本组织直接提供所需的专业信息或管理咨询，但由于他们与社会各界有广泛的联系,或对某一方面的关系有特别重大的影响,组织便能通过他们与有关公众对象疏通关系,扩大社会交往范围。

(三) 借助于社会名流的社会声望

与社会名流建立良好关系,能借助他们较高的社会声望,提高本组织的知名度。由于社会名流有较高的社会地位,或具有某方面的权威性,或由于他们对社会的特殊贡献、突出成就等等,而具有较高的知名度。另一方面,一般公众存在"崇尚英雄"、"崇拜明星"的社会心理。组织与社会名流建立良好关系,就将本组织的名字与社会名流的名望联系在一起,利用公众崇拜名流的心理,提高了本组织在公众心目中的位置。

七、国际公众

国际公众指一个组织的产品、人员及其活动进入国际范围,对别国的公众产生影响,并需要了解和适应对象国的公众环境的时候,该组织所面对的不同国家、地区的公众对象,包括别国的政府、媒介、消费者等等。国际公众对象具有与本组织完全不同的社会和文化背景,因此传播沟通活动具有显著的跨文化特征。

搞好国际公众关系的目的是争取国际公众和舆论的了解、理解与支持,为本组织及其政策、活动、产品和人员塑造良好的国际形象,创造良好的国际声誉。

(一) 发展国际公共关系,为对外开放服务

我国实行对外开放政策,企业发展外向型经济,参与国际经济大循环,极需要发展国际公共关系。一方面需要通过公共关系方法及时、准确地了解国际市场动向,了解有关国

家的政治、经济、文化、社会等方面的信息，了解国外的投资者、合作者和客户等等；另一方面，需要运用国际公共关系手段，向国外的公众、舆论和市场传播自己的信息，树立自己的形象，介绍自己的产品和服务，提高自己的国际知名度和国际信誉。即使不出国门的企业，在对外开放的条件下，也要运用国际公共关系，为来华投资、经商或合作的外商以及来华旅游参观的外国客人提供信息服务，做好接待工作等等。

在文化、艺术、科学、教育、医疗、体育等方面的国际交流中，也需要接触许多国际公众对象。良好的国际公共关系有利于促进这些方面的交流与合作，有利于树立中国在世界上的良好形象。

(二) 运用跨文化传播手段，促进组织形象的国际化

参与国际性活动的组织需要建立国际化的形象，即能够适应别国公众、获得各国人民接受和欢迎的形象。这就需要注意研究和适应别国公众的社会和文化差异，调整公关的政策和方法。国际公共关系是一种跨文化传播，与国内公共关系有很大不同。在信息的传播和对外交往方面，不仅要懂得运用外国的语言文字，还要了解对象国的历史文化、风俗习惯、公众心理，以及了解国际商法和对外交往的国际惯例，使传播的信息尽量符合对象国公众的习惯。

国际公共关系要成功，还必须善于运用国际新闻传播和广告传播手段。不仅运用我国的对外传播工具，更要了解对象国及国际上知名的新闻媒介和广告界，与国外的新闻机构和广告业建立联系，懂得如何为他们提供新闻资料和广告资料。国际公共关系界早已进入中国。我们的企业及各类组织一定要抓住机遇，运用国际公共关系帮助自己走向世界。

公共关系的目标公众并不止以上七种。各类不同的组织需要根据自己的特点具体分析研究。

思 考 题

1. 什么是"公众"?"公众"概念的基本涵义是什么?
2. 将公众对象区分为内部和外部两类有什么意义?
3. 为什么要将公众划分为"首要公众"和"次要公众"?
4. 划分"临时公众"、"周期公众"和"稳定公众"对制定公关政策有什么影响?
5. 如何根据公众的态度来划分不同的公众类别?
6. 为什么要根据组织的目的和需要来区分不同方面的公众?
7. 如何理解公众是一个发展的过程?
8. 联系实际思考内部公关的作用和意义。
9. 为什么要建立良好的顾客关系?
10. 为什么说新闻媒介关系是一种传播性质最强的关系?
11. 为什么要建立良好的政府关系?.
12. 如何理解社区关系?
13. 建立良好的社会名流关系有什么作用?
14. 联系中国对外开放的实际分析国际公共关系的意义。

第六章 公共关系传播与媒介

本章要点：简要介绍"传播"的基本涵义及基本要素；阐述传播的基本方式及其特点，主要的传播媒介及其特点；以及影响传播效果的主要因素。

第一节 传播及其基本要素

公共关系的过程是组织主体与公众客体之间的一种信息传播活动和信息交流过程。这是公共关系的本质，是它区别于其他社会关系如经济关系、法律关系、伦理关系的主要特征。研究公共关系就必须研究传播问题。

一、"传播"的涵义

"传播"一词译自英文 Communication，囿于汉语字面的意思，这个词容易被误解为"单向的、大范围的散布和推广"。实际上，作为"信息"(Information)的孪生概念，Communication 除了译作"传播"之外，也可以译作"交流"、"联络"、"交往"、"沟通"等。这个概念的意思包括了信息的交流、沟通的现象、行为、规律和方法；凡是人类传递、接收、交流、分享信息的活动过程，都可以称之为 Communication。也就是说，这个概念（"传播"或"沟通"）泛指人类信息交流的关系和

活动。具体分析其涵义,有三个要点:

1. 信息的传递。甲方通过一定的媒介将信息传递给乙方,如电话、电报、信函。(在这个意义上可译作"传达"、"传送"、"传报"、"传播"等。)

2. 双向的交流。乙方接收到甲方的信息后引起一定的反应,这种反应反馈给甲方,构成了双向的交流,即双方均参与传递信息的活动,相互影响。如回电、复信、交谈、对话等。(在这个意义上又可译作"交往"、"交换"、"联络"、"沟通"等。)

3. 信息的共享。由于双向的信息沟通,使双方在某种程度上取得一致的了解、认识、理解或意向。(这个词源于拉丁文的 Communis,意思是"使共同"、"与他人建立共同意识"。)即强调双方在传递、反馈、交流的一系列过程中,通过分享信息达到了沟通,取得了共识。传务求"通",是这一概念的又一层涵义。

可见,Communication 一词特指人与人、人与群体或社会之间双向的信息传递、接受、交流、分享、沟通的过程。"传播"的译名是沿用了海外学者的译法,作为约定俗成,我们仍使用它。在现代信息社会,人们面对着大量的信息,人们传送信息的对象也是大量的,因此所传送的信息也需要大量地复制,为此大众传播事业飞速发展,在这种情况下,使用"传播"一词倒是很贴切,又具有时代感的。在国外,"传播"一词与"信息"一词同样流行,同样重要。信息必须进入交流过程才有价值,信息的交流过程就是传播。所以,交流的信息和信息的交流,恰如流通的商品和商品的流通,是密不可分的。重视信息者必须重视传播。企业的"公共关系热",正是在我国"信息热"的基础上兴起的。

二、传播的基本要素

了解"传播",还要了解传播的过程及其基本要素,以及这些要素之间的基本关系。

(一)传播的过程

公共关系的过程就是信息的传播、交流和沟通过程。传播学关于传播过程的模式研究内容十分丰富,各种模式均力图勾画出传播活动中的主要因素、各因素之间的关系、以及这些关系所形成的过程。如果将复杂的传播过程加以简化,可以归纳成下面这样一个模式:

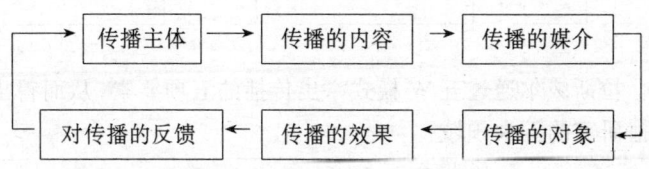

不能说这个模式很准确地反映了现实的传播过程,但它包括了传播过程中最重要的因素,并揭示出传播要素之间最基本的顺序关系和因果关系:"传播主体"(如某公司公关部)制作出"传播的内容"(如关于公司春节大酬宾的新闻稿),提供给"传播的媒介"(如报纸和电视台)发表,告知和影响了"传播的对象"(如消费者),引起了"传播的效果"(大大增加的顾客),再"反馈"给"传播主体"。在这里,缺了任何一个要素,都要影响传播过程的完整性:传播过程或者不能发生,或者通路受阻,或者达不到效果等等。

当然,对这个传播过程进行更深入的分析,会涉及更多的具体要素,如"编码"、"译码"、"噪音干扰"、"环境影响"、"共同经验"、"传播技术"等等,这些都是传播学需要专门研究的问题,这里暂不细述。

(二) 传播的要素

上面列出的传播模式,是在著名的美国传播学者拉斯威尔(Harold Lasswell)所提出的五W公式的基础上稍加修改而成的。五W模式是用一句话来表示的:Who says what in which channel to whom with what effects。意思是:谁通过何种通道对谁说了什么而带来什么效果。用图来表示即:

拉斯威尔通过五W模式举出传播的五项要素,从而得出传播研究的五大领域:

传 播 的 要 素	研 究 的 领 域
谁(Who) 说了什么(Says What) 通过何种通道(In Which Channel) 对谁(To Whom) 产生了什么效果(With What Effects)	控制分析(control analysis) 内容分析(content analysis) 媒介分析(media analysis) 阅听人分析(audience analysis) 效果分析(effect analysis)

前面列举的传播模式与五W模式基本上是一致的。只是增加了"反馈"(Feedback)一项。五W模式忽略了"反馈",使该模式的走向成为单向的,而不是双向的。"双向交流"、"传务求通"这两层传播(Communication)的涵义就难以充分体现了。所以我们在五W的基础上增加了"反馈"一项,以

求接通这个模式,从而概括出传播过程的六大要素,即:传播主体,传播内容,传播媒介,传播对象,传播效果和传播反馈。对这六大要素的分析,便构成现代传播学的主要内容:

1. 控制分析:研究传播主体(也就是"谁"的问题),即信息的来源和制作者。

2. 内容分析:研究传播的内容(也就是"说了什么"的问题),即信息内容的制作方式。

3. 媒介分析:研究传播的媒介(也就是"通过何种通道"的问题),即媒介的类型、功能、特点等。

4. 受众分析:研究传播的对象(也就是"对谁"的问题),即公众的分类分析等。

5. 效果分析:研究传播的效果(也就是五W的最后一项),即传播主体对公众的意见、态度、行为的改变程度等。

6. 反馈分析:研究传播的效果如何反馈传播者,包括传播对象对传播主体的影响;以及这种影响对整个传播过程的调整(如信息内容的调整,传播渠道的调整等)。

第二节 传播的基本方式及其特点

人与人之间任何信息交换关系都属于传播范畴。人们就是依靠传播和沟通去建立关系、形成群体、构成社会的。人们日常行为的80%以上都与传播有关。因此传播学有一句名言:"作为人,你不得不传播"(You can never not communication as a person)。传播是人类的一种基本的社会行为。公共关系作为一种传播行为,涉及各种不同的传播方式。了解各种基本的传播方式及其特点,有助于我们完整地理解公共关系的传播活动。

一、个体自身的传播 (Intrapersonal Communication)

"个体自身的传播"也称为"个人的自我交流",即传递信息的主体和接收信息的客体是同一个体;或者说,信息交流的"双方"不是两个人而是同一个人。例如,人有时候需要独自思考反省自己,需要自言自语、自问自答、自我发泄、自我责备、自我平衡、自我安慰、自我鼓励、自我陶醉,存在思想斗争、内心冲突等等,这些思维或心理活动,均属于个体自身的传播或自我交流。这说明,每个人都是"主我"(I) 和"宾我"(Me) 的对立统一体。这两种"我"之间的沟通就是自我沟通,自身传播。个人在与别人交往之前,往往首先进行自我交流,内心"预演"。自我交流活跃,在人际交往中就比较敏锐,反应迅速;自我心理平衡,能导致成功、和谐的对外交往沟通,即使对外交往沟通遇到客观的障碍或挫折,亦可以通过自我交流和自我平衡泰然处之,或随机应变。相反,如果自我交流、心理平衡的能力低,不仅不利于与他人沟通,而且难以适应多变的人际关系环境。可以说,个体自身传播是人类一切传播行为的基础。当然,个体自身传播问题很大程度上属于心理学和哲学认识论的研究范围。凡是头脑正常、心智健全的人,都存在信息的自身传播、自我交流现象。

二、人际传播沟通 (Interpersonal Communication)

"人际传播"指个人与个人之间的信息沟通与交往,亦称作"个人之间的沟通",即我们日常讲的"人际交往"、"人际关系";人与人之间交流、交往、联络、联系、沟通等等。这是最常见、最普遍、渗透人类生活一切方面的一种最基本的传播方式。公共关系传播活动也涉及这种传播方式。其主要特点包括：

1. 显著的私人性。人际传播的一个特点就是个体对个体，即两个人之间的交流，如朋友之间、同事之间、夫妻之间、父子之间等等。这种个人与个人之间的交往又有两种情况，一是面对面的，直接通过双方的语言、表情、动作、行为进行的"亲身"交流，如谈话。二是非面对面，而通过个人性的媒介如电话、电报、书信、便条等通信工具进行的"个体媒介"交流。它具有较显著的私人性、个体性。

2. 双方的参与性。在人际传播中，双方参与性强，互为传播之主、客体。两个人之间一旦发生交流和沟通，双方便不断地对调传播的角色，既说又听，既写又看，既发表自己的见解又接受对方的意见，相互讨论、商量对话等等。特别是融洽的人际沟通，相互沟通的地位平等，分不清谁是主动的传播者，谁是受传者。应该说双方都是传者和被传者。

3. 传通符号的多样性。人际传播的交流手段丰富，传通符号多样化。传播学将人们传递交流信息的种种表达形式称为符号。人际传播所运用的符号最多样化，除了语言、文字、图象、音响，还有诸如眼神、表情、动作、姿态、服饰、特定的物品，以及交往的时间、空间环境等。从而使对方从感观到理智上受到多方面的信息刺激。

4. 反馈的灵敏性。人际传播过程的信息反馈灵，易于相互调整适应。人际交流中，能够及时作出反应来表达自己的情绪或意见，能够通过观察对方的反应及时调整自己的传播内容、方式或符号，相互间不断地信息反馈，易于达到相互适应的沟通。而且，因为面对面，"通"与"不通"的传播效果一目了然。

5. 沟通的情感性。在所有传播方式中，人际传播的人情味最浓。人类进行传播交往的动机和需要是复杂的、多方面的，有生理的需要、感情的需要、物质生活的需要、精神生活的需要、社会或个人心理的需要等等。人际沟通最有利于情感的交流，最易于达到以情动人、以情化通的效果。个人情感的流露，一般是随着传播对象的增加而递减的。一般来说，在个人交往的场合，比在公众场合感情沟通的效果更明显。

6. 主观的制约性。人际传播主要在个人之间进行，因此最容易受个人主观因素的制约。比如受个人活动能力的限制，使信息的传递受时空的制约，传播面比较窄，传播的速度比较慢。受人的素质、观念、态度、情绪、语言等因素的影响，使信息在传递的过程中失真，或形成人为的传播障碍。

三、小团体传播 (Small Group Communication)

小团体（或称小群体）沟通主要指介乎于人际传播和组织传播之间的一种传播形式，即群体内的人际沟通活动。人们总是在若干个小群体中生活、学习、工作或从事多种社会活动，如家庭、班组、科室、兴趣团体、同学会等等，因此客观上存在着如何与小群体内其他成员沟通的问题。这种小团体内的沟通不完全等同于人际关系，具有其特点：

1. 沟通在特定的群体环境中进行。小团体沟通活动的性质、内容、方式与团体本身的性质和特点相一致，有比较明确的界定，如学校班级中的学业沟通、单位科室中的业务沟通、科学团体中的学术沟通、家庭中的情感沟通等。人们根据自己的需要、兴趣和能力参与到各种不同的群体中，以形成多方面不同的沟通行为。

2. 沟通的意见多元化。小团体传播基本上具备人际传播的特点，如参与机会多、传播手段多、信息反馈灵等，但小团体各成员之间的直接交流比两人之间的交流，容易产生多种意见甚至相反的观点，因此要达到一致就需要与多方面沟通，或争取多数的支持，或附和大多数的观点，形成多向沟通的特点。

3. 沟通受到共同目标和行为规范的制约。小团体大都有共同的目标和行为规范。在传播沟通活动中，个人往往受到所属团体的共同目标、行为规范的影响，自觉不自觉地使自己与团体保持一致。小团体的传播沟通活动，往往能利用其成员的归属要求，有效地改变或暂时压抑个别成员的相悖观点与行为。这是小团体传播的最显著的特点。

四、组织传播 (Organizational Communication)

亦称为"组织沟通"，主要指作为传播主体的组织与其成员以及环境之间的信息交流、沟通活动。公共关系概念与组织传播概念是基本一致的；公共关系是一种特殊的组织传播行为。从社会传播现象来看，任何一个社会组织都是一个独立的传播沟通主体，必然与环境存在大量的信息交流关系。组织传播的特点是：

1. 传播的主体组织化。组织传播的行为者、实施者、承担者是组织机构而非个人（在组织传播中个人也以组织的角色参与沟通）。传播活动受组织目标和计划的制约，受组织的控制，为组织的利益服务，是组织经营管理的一种手段。

2. 传播对象的公开化、大众化。组织传播的对象比人际传播更为复杂和庞大。既有内部的沟通对象，又有外部的公众环境；既有近距离的沟通，又有远距离的沟通。组织传播活动总是涉及特定范围的公众舆论影响、甚至大范围的公众舆论影响。

3. 内部传播活动的双重性。组织在内部信息传播活动中,同时存在着正式的组织沟通形式和非正式的人际沟通形式。正式沟通以效率、效能为原则,按照一定的层级次序和规范的传播系统进行程式化的沟通(如逐级请示、汇报、批示、指令,制度化的周会、例会、文件、简报等等);非正式沟通则以感情、兴趣为纽带,以自愿自发的方式,形成自由、灵活和富有弹性的人际沟通。前者主要体现组织中的工作关系;后者主要体现组织中的人际联系。

4. 外部传播方法的综合性。面对组织外部公众对象的多样性,组织在传播活动中必须综合运用多种人际传播、小团体传播、公众传播、大众传播等方式,集各种传播媒介之大成。单一的传播方式与媒介不可能承担组织传播的任务。

五、公众传播 (Public Communication)

公众传播指传播主体向相对集中的较大公众群体进行传播,它利用公众广泛参与的某种活动形式,对公众实现多媒体的现场沟通。如大型集会上的公众演讲,大型的演出活动和竞赛活动,展览活动和开放参观活动,各种庆典活动和节日活动等等。公众传播的主要特点是:

1. 面对相对集中的、较大的公众群体。公众传播的范围远远超出一般的人际传播和小团体传播,涉及比较广泛的公众层;但各部分公众又因参与同一活动而相对集中,如集会中的人群、报告会上的听众、演出场所的观众、展览会或庆典活动的公众等等,因此区别于大众传播的对象:一般是分散的,远距离的。

2. 传播者与公众的大规模现场参与。按照一般的传播规律,传播的对象越多,范围越大,公众的参与性就越低,双向性就越差。而公众传播活动是双方直接参与沟通现场的一种大规模、大范围传播活动。传播者通过策划、组织某种公众活动形式,吸引或组织成千上万的公众参与,形成热烈的现场活动气氛,造成特定时间、空间范围的轰动性传播效果。

3. 多媒体综合使用。大型的公众传播活动总是同时使用多种媒体,如演说、文字、图片、音响、模型、幻灯、电影、现场咨询与操作示范、现场表演、实物展示等等,使整个传播活动具有立体感。

六、大众传播 (Mass Communication)

大众传播即职业的传播者(如新闻单位、出版发行单位),通过大众传播媒介(如报纸、杂志、广播、电视、书籍、电影等),将大量复制的信息传送给分散的大众。其主要特点是:

1. 传播机构高度专业化。现代大众传播业是个非常专业化的行业。大众传播工作要由专业的机构和人员来从事。如报社和杂志编辑部、广播电台、电视台、电影和电视制作中心、图书出版社等,都是高度专业化的大众传播机构,集中了大量的职业传播人员,如记者、编辑、主持人、各类制作人员等。

2. 传播对象高度大众化。大众传播拥有大量的受众,涉及不同的地域、不同的阶层。他们在接受信息时处于高度分散的状态,分布在不同的空间和地点,相互之间没有紧密联系,与传播者之间也没有即时的、直接的联系。

3. 传播内容大众化。由于面对整个大众,大众传播的内容一般要求能够为大众所关心、所接受,能引起许多人的注意和兴趣,从而获得一定数量的读者、听众或观众。因此大众传播的内容一般难以满足个性化的要求。

4. 传播手段高度技术化。现代大众传播必须借助各种技术手段才能实现,如印刷、摄影、传真、无线电、电视、微波、通讯卫星等等,其技术程度越来越高。

5. 传播活动高效化。由于使用现代的传播技术能够大量地、高速度地复制和传递信息,使传播活动能够大范围覆盖、高速度进行,具有强大的公众舆论影响力。无论从时间还是空间效果来看,大众传播均是影响力最大的一种传播方式。由于其对于现代社会的影响力,现代社会被称为大众传播时代。

6. 信息反馈困难。大众传播的影响面广泛,但信息的反馈则比较困难。分散的、匿名的受众对大众传播的内容作出的反应是个别的、分散的。因为缺乏直接和有效的反馈通道,因此反馈的过程比较长、比较缓慢,传播者收集反馈意见的手段成本比较高,难以得到较为及时、准确、充分的反馈。因而是双向性比较弱的一种传播方式。

公共关系过程广泛涉及各种不同的传播方式,是综合运用人际传播、大众传播等多种传播方式的一种组织传播行为。

第三节 公共关系传播媒介

不同的传播方式之间的一个重要区别,在于传播媒介的区别:人际传播运用的是个人媒介,大众传播用的是大众媒介等等。公共关系实际操作中涉及各种不同的沟通技术和传播媒介。这里主要介绍大众媒介的功能和特点,并简要列举公共关系工作的其他媒介。

一、大众传播媒介

(一) 大众传播媒介的一般社会功能

大众传播媒介主要指报纸、杂志、广播、电视。它们在公众生活中的主要功能是:

1. 报导的功能。大众传播媒介又称为新闻界,负责将社会生活中发生的新闻事件及时、公正地告知公众。新闻报导是对事实的公正陈述,依靠其时效性和公正性来树立新闻传播界自身的信誉。公共关系运用新闻传播方式必须遵守这种时效性、公正性。

2. 教育的功能。大众传播媒介承担了大量的社会教育任务,面向大众普及教育,将政治、经济、文化、科技、历史、生活等知识传播给公众。公共关系运用大众传播媒介向公众传递信息必须注意知识性、教育性。

3. 娱乐的功能。大众传播媒介为公众提供了大量的娱乐性服务。报纸的文体娱乐版,杂志的小说、趣闻等,广播中的音乐、广播剧,电视上的音乐歌舞、电视剧等,是公众日常文化娱乐的主要来源。因此,娱乐性越强的大众传播媒介,阅读率、收听率、收视率就越高。公共关系运用大众传播媒介向公众宣传时也必须注意趣味性和娱乐性。

4. 监督的功能。大众传播媒介及其所形成的公众舆论,对政府、企业及各类机构的政策、行为、人员、产品起着社会监督的作用。公共关系工作必须将这种公众信息的反馈作为传播工作的重要依据。

(二) 印刷类大众媒介

印刷类大众媒介主要指以文字、图片形式将信息印刷在纸张上进行传播的报纸、杂志和书籍。

1. 报纸和杂志的共同特点。报纸和杂志这两种主要的印刷媒介，它们具有一些共同的特点。

（1）优点：① 可以充分地处理信息资料。报纸、杂志在版面、时间等方面的限制不像广播、电视那样多，可以用增版、增页、增刊等方式，用连载、专访等形式，提高信息的传播量或连续性，增加报导的广度和深度。② 读者有充分的选择余地。报纸、杂志不像广播、电视受既定时间顺序和空间位置限制。报纸、杂志随时可读，随地可看，读者可按自己的需要掌握阅读的顺序、速度和方式，有比较自由、主动的选择权。从接受信息的角度看，广播、电视是让观众、听众隶属于它的时间和空间的，接受信息需要有一种固定的行为方式。而报纸、杂志则隶属于读者的时间和空间，接受信息可以是一种随意、自由的个别行为。③ 资料便于保存和检索。报纸、杂志不像广播、电视，需要较复杂、昂贵的手段（如录音、录象）来保存资料，而便于读者剪贴、装钉、摘录和保存，便于日后检索、查考和反复使用。④ 报纸、杂志制作容易，成本较低，读者接受信息不需特别设备，因此比广播、电视易于流传和普及。

（2）缺点：① 传播信息不如广播、电视迅速、及时。由于出版周期和发行环节的制约，报纸、杂志不可能像广播、电视那样迅速及时地报导信息，更无法做到事件发生和报导时间的同时性。② 受到读者文化水平和理解能力的限制。报纸、杂志不如广播、电视那么形象、生动、直观和口语化，文字印刷信息的传播效果必定受到读者文化程度和理解能力的影响。

2. 报纸和杂志的各自特点。报纸和杂志又因编辑方法、内容特点和读者对象的区别而各具特点。

（1）报纸是整张发排印刷的，通过版面空间的排列组合，将各类不同的信息高度结合在一起；杂志则是成册装钉的，以目录为引导，将各种内容分类顺序排列。报纸的大小题目相对集中，一目了然，阅读效率高；杂志内容分类清楚，读者阅读时一般态度从容，情绪较稳定，注意力较集中，对信息的感受性更强。

（2）报纸的内容一般是大众化的、综合性的，读者范围比较广泛，宣传的适应面比较广；杂志的内容比较专门、特殊，读者对象比较固定专一，宣传的目标指向性比较明确。

（3）报纸的新闻资料是公布性、告知性的，时间性比较强，所提供的宣传频率比较高，但读者的重复阅读率较低；杂志的报导是解释性、资料性的，学术性和史料价值比较强，对信息内容的处理比较深入、完整、系统，读者阅读的重复率比较高。

（4）报纸的发行周期短，如日报、晚报、周报，印刷快捷、简便，制作成本低；杂志的发行周期比较长，如月刊、双月刊、季刊，印刷较精良，制作成本较昂贵。

公共关系在运用印刷类大众传播媒介时需注意报纸和杂志的这些特点。

（三）电子类大众媒介

电子类大众媒介主要指以电波的形式传播声音、文字、图象，运用专门的电器设备来发送和接收信息的广播、电视（包括电影等）。

1. 广播的特点。

（1）优点：① 传播迅速，覆盖面广。广播节目的制作过程较电视和印刷媒介简单，传播速度快，而且不受时间和空间的限制，广泛接触听众。② 通过口语、音响传播，较生动，有现场感,说服力和感染力较强。听众不受文化程度的限制,社会适应面很广。③ 传播方式灵活,收听状态无独占性,不受时间空间的严格限制,比如听众可以一边收听广播一边工作,不会限制听众的行动。④ 广播节目的制作成本低廉,接收广播的设备简单(收音机),运用广播传送信息的费用较低,例如同等时间的广播广告的价格,一般只是电视广告的1/4。

(2) 缺点:① 广播传播信息受时间和节目顺序的限制,听众无法根据自己的需要灵活选择,只能被动地接受既定的节目。② 广播的效果稍纵即逝,难以把握,收听时稍不留意,便无法追寻。磁带录音成本较高,不利于资料的保存。③ 广播信息只有音响,没有文字和图象,公众对信息的注意率不及印刷媒介和电视。

2. 电视的特点。

(1) 优点:① 电视综合了文字、声音、图象、色彩,综合了人的听觉和视觉效果,富于真实性、生动性、现场感,是目前最现代化的传播工具。它最容易引起观众的兴趣,又不受观众文化程度的严格限制,老幼咸宜,雅俗共赏。② 电视传播信息非常迅速,在时间上具有同时性,在空间上具有同位性(如现场采访、直播),观众极易受到感染,引起共鸣。信息的可信性和权威性强。③ 电视传播的娱乐性最强,已成为现代生活中最主要的家庭娱乐形式;它集各种艺术手段和各种传播媒介之长,是最受公众欢迎、最有发展前途的传播手段。

(2) 缺点:① 和广播一样,受时间和节目顺序的限制,观众无法改变收视的时间、顺序和速度,只能完全隶属于事先排定的时间和节目,比较被动。而且受到场地、设备等客观限制,无法像报纸、杂志、广播那样有较大的随意性、自由性。② 和广播一样,电视的效果亦是稍纵即逝。录象保存资料的成本比广播更高。③ 电视节目的制作、播放和收视,均需要比较昂贵的设备,节目制作成本较高,费用以"秒"为单位来计算。

公共关系常将大众传播媒介用于新闻宣传和公共关系广告方面,藉以向大众提供信息,树立组织形象。

二、其他传播媒介举要

公共关系工作除了必须运用大众传播媒介之外,还要根据具体的目标、对象、需要而选用其他的传播媒体相配合,而绝不可以单一地使用大众媒介。下面简要介绍大众媒介以外的若干其他媒体:

(一)小众化媒介

主要指专门针对较小的特定群体,并且受众有较多的选择权的"窄播"系统(Narrow Casting,区别于"广播")。如有线电视,根据公众的需要开设几十个乃至上百个频道,有专门提供新闻的、专门提供购物信息服务的、专门播出体育节目或金融信息的等等,由观众根据自己的需要和兴趣自由选择。也就是将传播系统的部分控制权由信息制造者转移至信息消费者,使后者接收信息的自主权提高了。而每一频道的目标公众非常专门化,受众范围比较限定和明确。这为公共关系沟通提供了针对性很强的的信息传播载体。

(二)个人传播工具

现代传播科技使个人信息传播系统发生了巨大的进步,从而使人际传播继"大众传播热"之后又重新大放光彩。日新月异的个人沟通工具包括:

1. 电话系统。IDD,直拨程控电话,能提供全球性的直接通话服务、多方同时通话服务等等。此外,无线电话("大哥大"移动电话)、传呼机系统("BP机")、可视电话(电视对讲系统)亦快速发展为最新的个人传播工具。

2. 图文传真系统(Fax machine)。凭借电话线路,可以将书信、文字资料、图象资料即时传送到世界各地,成为迅速、准确的电子信件系统。

3. 电讯。是应用范围广泛而又最经济的一种电子传播方式。为适应公关的需要,现在已发展出多种礼仪电报(包括礼金电报、礼品电报、鲜花电报、生日蛋糕电报、丧事花圈电报等)。

4. 个人电脑联络系统(BBS通讯网络,即 Bulletin Board System,意为"布告板系统")。即联接着数据、软件中心的个人电脑,通过电话线可以与许多其他个人电脑相联,在双方电脑屏幕上显示出来的文字、数据、图象就像电子布告板一样,达到相互通讯、联络的目的。在个人电脑普及的地区,这将成为一种全新的媒介系统。

5. 私人信函、卡片。针对特定的对象,书信和卡片仍是重要的交际工具。现代快速邮递和传递服务使邮递业务的效率提高了。

(三)印刷宣传品

1. 公共关系刊物。组织编辑、发行的小报、杂志、通讯等,定期发行,免费分发。一般区分为内刊和外刊两种。

2. 书籍、小册子。配合特定主题内容编制的文集、影集、画册或宣传手册。

3. 宣传单张。如企业简介,产品目录书,促销宣传品,邮递广告品等。

4. 海报、POP宣传品。配合某一活动主题制作的宣传海报、横额、彩旗、不干胶宣传品等。

(四) 音象宣传品

1. 幻灯片。将摄影底片制作成幻灯片,成为会议演讲、专题报告、展览说明的辅助手段。

2. 录象带。用电视录像技术制作的录象带,成为接待参观时的资料介绍、宣传讲解的必备手段;也可以用于闭路电视系统,内部培训业务,销售会议;以及提供给用户、展览会或电视台。

3. 录音带。广泛用于会议,也可用于庆典活动、展览活动、售点宣传等场合制造背景音乐,渲染气氛。

(五) 图象标识

1. 照片与图画。通过平面构图传递形象、信息。照片比图画更准确、客观、逼真;图画比照片具有更灵活、更富创造性的想象力和表现力。两者均大量使用在各种宣传品、橱窗展示和展览陈列活动中。

2. 标识系列。以特殊的文字、图形、色彩的设计,构成组织的形象标志,以区别于其他组织和产品。包括商标、徽记、品牌名称,以及在包装、门面、办公用品、运输工具、环境装修、人员装束等方面的应用。在商业促销活动中,标识系列具有很强的市场传播功能。

(六) 有声语言交流媒介

1. 演讲与报告。均是有准备、较规范的言语传播方式,用以影响和劝服一定范围的听众。

2. 会谈与谈判。有关方面就共同关心的问题交换意见,相互磋商,讨价还价,寻求妥协,达成协议的沟通过程。

3. 对话与座谈。比较非正式的讨论问题,交换意见,联络感情,寻求共识的言语交流方式。

（七）人体活动媒介

1. 人体语言。指人的表情、动作、姿态以及相关的界域、服饰等非语文传播要素。在面对面的交流中，大量信息是通过人体直接表达和传送的。有关研究认为，个体的信息传播力 $1=0.07\times$言辞$+0.38\times$声音$+0.55\times$表情、动作等人体语言。可见人体语言具有很强的交际功能。

2. 人的活动。人的行为以及各种活动本身也是一种高效率的、感染力很强的传播手段。如以身作则的行动、热情友好的态度、文明风雅的礼貌礼节等等，在各种公关活动中是不可缺少的传播要素。

（八）实物媒介

实物本身也是信息传递的载体，在公共关系活动中也大量使用。它具有与一般符号媒介和人体活动媒介不同的特点。

1. 产品及其劳务。产品本身是一种最可信的信息载体，通过其质量、款式、品牌、商标、包装以及有关的售中或售后服务，传递出最实在可靠的信息。因此，产品本身作为媒介被用于展览活动、赠送和赞助活动。

2. 公关礼品。带有本组织标识的实物宣传品，如本组织产品的微型样品，或具有一定实用价值的纪念品。公关礼品一般是不进入市场流通的非卖品。往往是专门设计和制作的；而且其宣传价值、交际价值大于使用价值，主要是纪念性质的（往往对其实用价值和成本价格有一定的限制）。

3. 象征物和模型。如用于环境装饰的雕塑，大型活动的吉祥物，展览活动中的实物模型等。

（九）特别的活动媒体

在许多特别设计、策划的公关活动中，往往突出某种形象生动的媒体，如潍坊风筝节中的"风筝"、自贡灯节中的

"灯"、哈尔滨冰雪节的"冰雕"、洛阳牡丹节中的"牡丹花"、广东荔枝节中的"荔枝"、海南椰子节中的"椰子"、云南泼水活动等等,都是一些很形象生动的媒介形式,维系着八方来客。在交际活动中,烟和酒也是一种特定的媒介形式。

(十)现代科技对媒介的影响

现代科学技术在信息传播领域中的应用使现代社会的媒介形式日新月异。包括通讯卫星、微波技术、光导纤维、微电脑网络等,使新的媒介技术系统(如利用卫星传输举行遥距会议 teleconferencing),在"远程双向沟通能力"、"小众化特性"和"时空的异步性"方面的优势令世界瞩目,将可能引起传播观念与行为的更新和进步,甚至带来信息传播领域的一场革命。公共关系人员需要密切注视传播科技的新发展。

第四节 传播效果及其制约条件

"传务求通,传而不通等于不传"。著名的传播学者余也鲁教授特地用"传通"一词来表达 Communication 的一个重要问题,即传播效果问题。

要获得良好的传播效果,不仅取决于传播的媒介和技术,还取决于传播者的主体条件、传播内容的制作方式、对受众的研究分析、传播的环境气氛等因素。

一、最佳的传播者条件

改善传播效果的一个重要条件是树立传播者自身的良好声誉和形象。研究表明,传播者的声誉往往是与权威性、客观性以及公众关系的亲密性紧密相关的。所谓权威性即传播者对所谈的问题具有专门的知识,是这方面的权威。搞好专家名流关系,邀请专家发表意见,有利于提高传播者的权威性。所谓客观性即传播者在公众心目中被认为是态度超然,客观公正,不夸张渲染,这样信息就有利于被公众所信任。因此应该尽量降低传播中的商业色彩。所谓亲密性 即传播者应尽量缩小与公众之间的心理距离,站在公众的立场上来传播,使公众将其作为"自己人",传播者的观点就比较容易被接受。因此在传播中邀请与公众同类型的人来发表意见,容易形成这种亲密性。当然,传播者自身完善、行为良好,是最优传播者的客观基础。

二、良好的信息制作方式

首先应强调较好的信息组织形式和表达形式,使得信息对公众来说易于获取、易于阅读、易于理解、易于记忆、易于把握。除此之外,还有一个问题,就是要注意扩大与公众的共同语言范围,用能够引起公众共鸣和公众喜闻乐见的方式来传播,提高传播的感染力。在传播学中称为"共同经验范围":传播者应该根据传播对象的"经验范围"来制作传播的内容(编码);受传者一般是根据自己"经验范围"(知识、经验、历史文化背景、立场观点等)来理解所接受到的信息(译码)。因此,若要有效沟通,必须双方的"经验范围"有若干共同的地方。这个"共同经验范围"越大,传播的效果就越好。以下模式(见图6-1)即说明这个问题:A(传者)与B(受众)相重叠的部分即"共同经验范围"。有效的传播内容(信息)应该正好处在这个范围内。当然,在人际沟通或小团体的沟通中揣摩"共同经验范围"相对比较容易。但在公众传播和大众传播中面对成千上万的受众,就比较困难了。因此,有效的传播还必须研究公众对象(受众)。

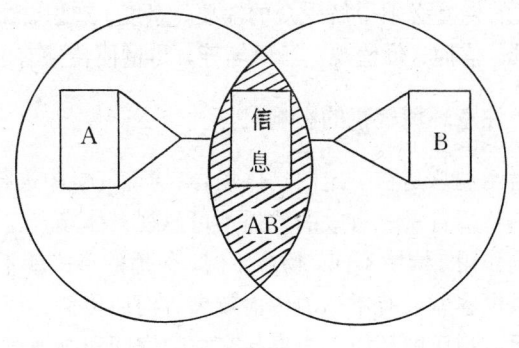

图 6-1

三、尊重受众的选择权

有效的传播离不开对受众的分析,除了前面介绍的公众分类问题外,还需注意公众在接受信息过程中的能动性问题,即"选择权"问题。公众在接受信息的时候并不是任人摆布的,而是根据各自的需要、兴趣、知识、经验、观念、价值观、习惯等等,对大量信息进行选择性注意(感官只对感兴趣的信息开放)、选择性理解(对同一信息仁者见仁,智者见智)、选择性记忆(容易记住合自己意的东西,忘却自己不喜欢的东西)、选择性接受(各取所需,接受自己需要的信息,抵制不需要的信息)。特别是大众传播所面对的公众是分散的,要让公众接受传播的内容,就需要顺从公众选择的趋势,而不是去强制改变受众的固有立场。公关传播者要注意这样一个事实:"改变自己比改变公众容易"。当传播的效果不理想的时候,需要改变的不是公众,而是传播者自己,即根据公众的需求来调整传播者自身的行为和传播的内容、方式。所以，有效的传播必须了解受众的需要、态度、知识、经验、能力、背景、信仰、价值观、习惯等等，尽量使传播有的放矢。

四、注意环境气氛的影响

传播活动总是在一定的具体场合、情境气氛中进行的，具有一定的传播背景。有效的传播不可忽视具体场合、情境气氛的影响作用。情境不同，场合不同，传播的形式就不同，同样的传播内容就会有不同的传播效果。沟通传播的环境有不同的方面：物质的环境，主要指交往的空间和物理场景，如在谈判桌上与宴会桌上传播沟通的形式与气氛完全不同；社会的环境，主要指参与沟通的人员之间的社会关系，以及与各人的社会关系密切相关的团体背景、社会规范、文化习俗等等，它们对传播的影响亦不可忽视；心理环境，主要指交往沟通时的心理状态和气氛，如心情舒畅时容易相互沟通，心情烦闷时容易相互摩擦等；时间的情境主要指传播的具体时机，如适时信息作用就较显著，等等。当然，以上各种环境气氛的层面在实际传播活动中是相互交叉，共同起作用的。

五、完善传播沟通的技巧

传播效果与传播技巧的高低直接相关，这是不言而喻的。传播者善于运用各种语言的、文字的与非语文的沟通手段，个人的、组织的、大众的传播技术，以增强信息刺激的强度、对比度、重复率等，追求不同层次的传播效果：交流信息，联络感情，影响态度，引起行为等。

传播效果的分析研究涉及传播诸要素的综合分析研究。任何一个传播要素不理想都会影响传播的效果。美国著名的公关学者卡特立普和森特在其《有效的公共关系》一书中，提

出七"C"字,作为有效传播的基本要素:

1. 可信度(credibility):首先必须建立对传播者的信赖的气氛。

2. 情境架构(context):传播计划必须与现实环境一致、协调。

3. 内容(content):传播的内容须与受众有关,必须能引起他们的兴趣,满足他们的需要。

4. 清晰(clarity):信息的组织形式应该简洁明瞭,易于接受。

5. 持续和一贯(continuity & consistency):传播是个不断循环往复的过程。

6. 通道(channels):正确选择传播媒介。

7. 受众的能力(capability of audience):即传播对象的研究,任何传播行为都必须考虑受众的条件和能力。

在以上传播各种要素的研究中,公共关系应特别重视传播媒介的研究,因为媒介是联结传播主体与传播对象的桥梁和中介,是信息内容的载体,具有重要的实用意义。

思 考 题

1. 什么是"传播"?"传播"概念的基本涵义是什么?
2. 传播过程包括哪些基本要素?
3. 什么是个体自身的传播?
4. 人际传播有什么特点?
5. 小团体传播与人际传播和组织传播有什么不同?
6. 什么是组织传播?
7. 公众传播与大众传播有什么区别?

8. 大众传播的主要特点是什么？

9. 大众传播媒介的一般社会功能是什么？

10. 比较分析报纸和杂志各自的传播特点？

11. 电子类大众媒介在传播方面有哪些优缺点？

12. 什么是"小众化媒介"？

13. 现代传播科技如何促进了个人传播工具的发展？

14. 大致了解以下媒介的主要内容：印刷制品，音象制品，图型标识，语言媒介，人体活动媒介，实物媒介，特别活动媒体等。

15. 影响传播效果的条件有哪些？

第七章 公共关系的工作程序

本章要点：介绍公共关系作为一个管理过程所包含的四个基本步骤，即公关调查→公关策划→公关实施→公关评价，阐介公共关系工作的基本程序。

第一节 公共关系调查——形象分析

公共关系工作的第一步是甄别公众对象，测量舆情民意，评价组织形象，在掌握大量信息的基础上寻找差距，确定问题，为公共关系工作指明方向。这是公共关系目标管理的主要环节。

一、自我形象分析

自我形象即一个组织自己所期望建立的社会形象，这是一个组织公共关系工作的内在动力、方向、目的和标准。自我形象的设计要注意主观愿望和实际可能相结合。作为动力和方向，自我形象的要求越高，组织自觉作出公共关系努力的可能性就越大；但作为标准和目的，自我形象的要求越高，实际的成功率也可能越低。公共关系工作首先需要通过组织内部的调查分折。了解组织的自我评价，揭示组织对公关工作的期望值，这是公共关系调查的第一个环节。自我形象分

析包括以下几个方面:

(一) 组织状态和条件的调查分析

自我形象的设计不能脱离组织客观的实际状态和基本条件。因此首先需要明确:组织正在做什么?能够做什么?做得怎么样?具备哪些有利条件和不利条件?如一个企业,它生产什么产品,提供什么服务,其生产状况、技术状况、财务状况、产值和利润、市场销售状况、组织人事状况等等,都需要进行客观、准确的分析。

(二) 员工阶层的调查研究

即了解本组织广大基层和一线人员对自己组织的看法和评价。一个组织的目标和政策须得到其广大成员的认同和支持,才可能有效地转化为该组织的实际行动。因此需要通过内部调查(如员工座谈及问卷调查),了解基层和一线人员对组织的凝聚力、满足感、权利要求及各种批评建议,了解他们对领导层提出的总目标的信心和支持程度,发动全体成员寻找组织公关的薄弱环节及改善措施,鼓励大家积极参与公关目标和计划的拟定(如通过合理化建议渠道)。

(三) 管理阶层的调查分析

一个组织的行政和技术业务管理阶层是一个组织的核心力量,他们对组织的看法和评价既对基层员工产生影响,也对决策上层产生影响。因此需要重点了解和分析管理阶层的观点、意见和态度,从中分析本组织的优势和弱势。

(四) 决策阶层的研究分析

一个组织的形象蓝图首先来源于决策阶层。决策阶层决定着组织的总体目标,从而决定着组织形象的基本定位,决定着公共关系的总政策。决策阶层的价值观和行为方式,也影响着组织形象的个性和风格。形象设计之前,必须尽可能了解、领会和熟悉决策阶层的观点、意见、态度,以此作为组织自我形象规划的主要依据。

二、实际形象分析

实际形象即组织的实际表现在公众舆论中的投影、反映,亦即社会公众和社会舆论对组织的认知和评价。这种认知和评价体现为组织在社会公众中的知名度和美誉度。实际形象分析就是通过舆论调查和民意测验,了解本组织在社会公众中的知名度和美誉度。测定和分析组织在社会上的实际形象状况,这是公共关系调查的第二个环节。实际形象分析包括以下三个步骤:

(一)公众辨认与分析

公众是反映组织形象的镜子,要分析组织的公众形象,首先需要找到这面镜子,谁是本组织的公众对象?他们在哪里?通过辨认、甄别公众对象,确定形象调查的对象和范围。如果关系对象不清楚,就无法实施形象调查与分析,不可能获得正确的调查结果,或者增加不必要的调查成本。

(二)组织形象地位测量

在综合分析公众评价意见的基础上,可以根据知名度和美誉度两项最基本的形象指标,测定组织的实际形象地位。

知名度指一个组织被公众知晓、了解的程度,是评价组织名气大小的客观尺度,侧重于"量"的评价,即组织对社会公众影响的广度和深度。

美誉度指一个组织获得公众欢迎、接纳、信任的程度,是评价组织声誉好坏的社会指标,侧重于"质"的评价,即组织社会影响的美丑、好坏。

良好的形象是由知名度和美誉度构成的,缺一不可。但实际上知名度和美誉度并不一定能够同步形成和发展,有知名度不一定有美誉度,没有知名度也不意味着没有美誉度;反过来也一样,美誉度高不一定知名度高,美誉度低也不意味着知名度低。总的来说,知名度需要以美誉度为客观基础,才能产生正面的积极的效果;美誉度需要以一定的知名度为前提条件,才能充分显示其社会价值。

根据知名度和美誉度在现实状况中的不同构成,可以将组织的实际形象区分为四种状态(见图7-1):

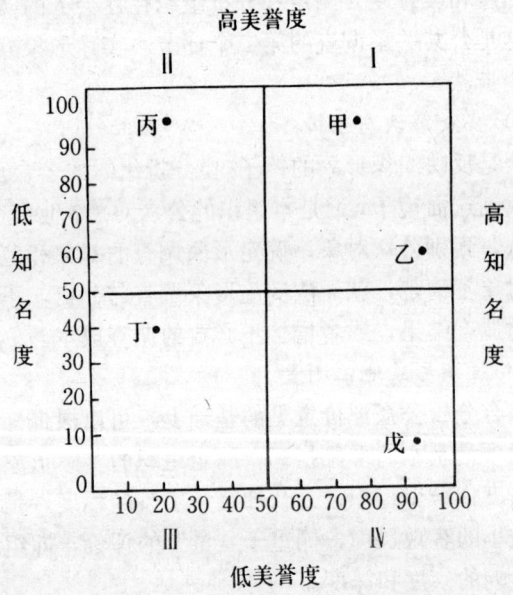

图 7-1 组织形象地位四象限图

1. 高知名度/高美誉度(见象限Ⅰ中的甲、乙)。处于这种形象地位,属于最佳的公共关系状态。但同时要注意,知名度越高,美誉度的压力就越大。因为在公众高度注目的情况下,对美誉度的要求会变得更加严格和苛刻,美誉度方面即使发生微小失误,都有可能造成较大的片面影响。因此,处于这种公关状态绝不是高枕无忧,万事大吉,应该特别细心、谨慎地维护组织的信誉。如果知名度超过了美誉度,就更应该警觉,以防美誉度跟不上而造成知名度方面的负面压力(如图 7-1 中的乙)。

2. 高美誉度/低知名度(见象限 II 的丙)。处于这个形象地位,属于较为稳定、安全的一种公共关系状态:其美誉度高于 50 点,知名度则低于 50 点。由于美誉度是形象的客观基础,因此这种状态具有良好的形象推广基础。其缺陷是知名度偏低,公关工作的重点是在维持美誉度的基础上提高知名度,扩大其美誉度的社会影响面。

3. 低知名度/低美誉度(如象限 III 的丁)。处于这种形象地位,公共关系处于不良状态,知名度和美誉度都处于 50 点以下,既没有名气,公众评价也不好。但因为其知名度低,公众不良印象和评价的影响面也比较窄,负面作用相对比较小。在这种情况下公关传播工作应保持低姿态,甚至从"零"开始,首先努力完善自己的素质,提高信誉,争取改善美誉度,然后再考虑提高知名度的问题。如果在这种情况下去扩大知名度,便会滑至象限 IV 的恶劣状态。

4. 低美誉度/高知名度(如象限 IV 的戊)。处于这种形象地位,公共关系处于"臭名远扬"的恶劣状态:不仅信誉差,而且知之者甚众。在这种情况下,首先应设法降低已享有的负面知名度,向象限 III 转移;再努力挽救信誉,为重塑形象打基础。或者在特殊的情况下,利用已享有的公众知名度,大刀阔斧地改善信誉,将坏名声转变为好名声,直接向象限 I

跳跃。这样的成功例子也不是没有的。

可见，测量组织的形象地位，不仅可以确定公共关系的实际状态，初步诊断公共关系的问题，而且为制定公共关系的方针、政策提供依据，是公关决策的必要步骤。

(三) 组织形象要素分析

实际形象调查还要具体分析构成某一种形象状态的实际因素，解释形成某种形象地位的具体原因，说明组织形象的要点。这就需要将组织形象分解为公众对组织的各类具体评价，通过统计分析各种具体评价，确定组织形象的要点和特征，勾画出组织形象的细节。

在具体操作上，可根据"语意差别分析法"*制作"组织形象要素调查表"，作为分析形象要素的工具。其方法是，将事关组织形象的重要项目，如"经营方针"、"办事效率"、"服务态度"、"业务水平"等分别以正相反对的形容词表示"好"与"坏"两个极端，在这两个极端中间设置若干程度有所差别的中间档次，以便公众对每一个调查项目均可以作出程度不同的评价。比如，对"经营方针"，可以用"正直"和"不正直"表示两种截然相反的评价，而中间，则可以设置"相当正直"、"稍微正直"、"一般"、"稍微不正直"、"相当不正直"等不同程度的评价档次。

调查时，请受访人（被调查者）就自己的看法给出评价。公共关系人员对所有调查表格进行统计，计算每一个调查项目中各种不同程度的评价所占的百分比。以图 7-1 中的公司丁为例（见表 7-1）：

分析这份调查结果,可以勾画出公司丁的形象要素如下：

---

* "语意差别分析法"又称"SD 法"（Sementic differencials test）。

经营方针比较正直,办事效率平平,服务态度较差,业务缺乏创新,管理顾问知名度甚低,公司规模较小。这就是公司

表 7-1 组织形象要素调查表

评价调查项目	非常	相当	稍微	中	稍微	相当	非常	评价调查项目
经营方针正直		65	25	10				经营方针不正直
办事效率高			25	65	10			办事效率低
服务态度诚恳				15	20	65		服务态度恶劣
业务水平有创新				20	70	10		业务水平缺乏创新
管理顾问有名气						10	90	管理顾问没有名气
公司的规模大					25	55	20	公司的规模小

丁处于象限Ⅲ的形象地位的具体原因。公共关系的计划和措施,有必要针对这些原因去制定。

三、形象差距比较

将组织的实际形象与组织的自我形象作比较分析,揭示二者之间的现实差距,指明公共关系工作的目标和任务,这是公共关系调查的第三个环节。这一环节主要是综合研究"自我形象分析"和"实际形象分析"的结果,为下一步公共关系策划与设计工作提供依据。

"形象要素差距图"可以帮助我们较为直观地显示组织的自我形象和实际形象之间的现实差距。方法是把"组织形象

要素调查表"上表示不同程度评价的7个档次相应数字化,成为数值标尺,如:1表示"非常差",2表示"相当差",……4表示"中间状态",……7表示"非常好"。然后根据表7-1的调查统计结果,计算公众对每一个调查项目评价的平均值;*将各个平均数值分别标定在数值标尺相对位置上;连接各点,即成为组织的形象曲线。图7-2是以图7-1中的丁为例。图中实线部分是公司丁的实际社会形象,虚线部分则是该公司的自我期望形象。两条曲线之间的差距就是组织的"形象差距"。

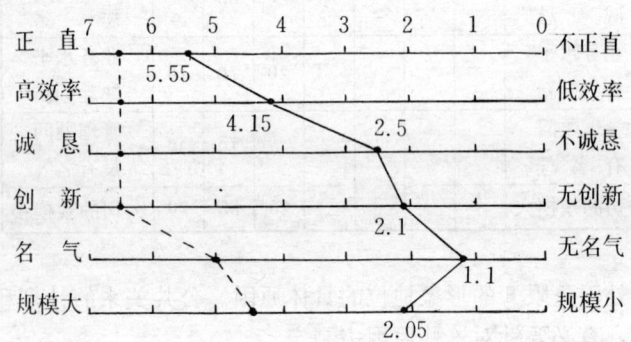

图 7-2 形象要素差距图

从图7-2可以看出,除了"经营方针"一项的实际评价与

---

* 公众评价平均值计算方法:

1. 计算各档次评价总分:该档次分值×评价人数(如表7-1第一项"经营方针":6×65=390;25×5=125;10×4=40)。

2. 计算每一调查项目获得的评价总分:将该项目各档次评价总分相加(如上一步的计算结果相加:390+125+40=555)。

3. 计算该项目评价的平均值:该项目评价总分÷调查总人数(如555÷100=5.55)。

即 (6×65+25×5+10×4)÷100=5.55

"经营方针"一项的公众评价平均值是5.55。将这一数值标明在标尺的相应位置上。

自我期望值相接近以外,其他各项形象要素均有较大的差距。公共关系工作的任务就是要协助调整和缩小这些差距。至于公关策略和具体实施计划中的轻重缓急、先后顺序,还要结合丁在"形象地位四象限图"中的具体位置来考虑:在知名度和美誉度都较低的时候,应首先考虑如何改善美誉度的问题:如提高业务质量,改善效率和服务态度等等;而在涉及知名度的名气和规摸的大小方面,则应暂缓一步。

找出差距,发现问题,是公共关系工作程序中的第一个步骤。

第二节 公共关系策划——形象设计

公共关系工作的第二步是根据现存问题和差距确定组织的公共关系目标,制定公共关系工作规划和实施方案,为组织设计形象,使公共关系工作建立在科学计划的基础上,从而得到良好的控制。这是公共关系计划管理的重要环节。

一、组织形象的构成

为组织策划形象首先要了解形象由哪些具体要素构成。一个组织的形象需要从不同方面去塑造和维护。大致包括:

1. *产品的形象。*即通过组织的产品反映出来的组织形象,构成形象的硬件内容。产品形象是组织形象的基本要素,公众直接通过产品了解一个组织,组织通过产品去争取公众,产品形象是整个组织形象的客观基础。产品形象包括质量、性能、外观、包装、商标等等。除了企业的产品,还有餐馆的菜肴、宾馆的客房、服务业的项目和品种、出版社的书籍、电视台的节目、学校培养的学生等等,都是特定组织的产品形象。

2. 经营形象。即通过组织的经营管理活动展现的形象，与组织各方面的行为表现有关，如经营作风和管理效率、财务资信和履行合同的信用，技术开发和市场拓展的业绩，以及人事制度、就业条件、职工福利、价格策略、售后服务等等，都从特定的方面体现组织的形象。

3. 人员形象。即通过组织成员所展现出来的形象。组织拥有的人才阵容以及各类人员的品行、素质、作风、能力、态度、仪表等等具体体现着一个组织的形象。包括组织领导人的形象、管理人员的形象、技术人员的形象、全体员工的形象，都是组织形象的化身。

4. 环境形象。即通过组织及相关的环境设施所展现的形象。环境对组织起着烘托的、装饰的作用，也构成组织形象的硬件部分。包括组织的门面、招牌、厂容店貌、展览室、会客室、办公室、生产场地，以及橱窗、指示牌的陈设、装修等，构成现代办公文明、生产文明、商业文明形象的一部分。

5. 文化形象。即通过组织文化要素展现出来的形象，构成组织形象的软件部分。组织的特定文化体现着组织形象的特定风格。包括组织的价值观念和管理哲学，组织的历史与传统，组织的榜样人物、职业意识与职业道德，公司礼仪与行为规范以及口号、训诫、厂歌、厂旗、厂服，各种宣传品等，均鲜明地体现出一个组织形象的特色。

6. 标识形象。即通过标志和识别系统所展现的组织形象。标识本身就是组织形象的标志，能够帮助公众识别和记忆组织的形象。如组织的名称，产品的品牌、商标或徽记；广告形象、主题词和典型音乐；特定的字体和色彩，包装的设计；宣传的格调等等。

7. 组织形象的其他方面：如组织遵纪守法的良好纪录，

公平处理社会纠纷的风度，为媒介提供消息的透明度，热心支持社会公益事业和参与社区活动的影响等等，均综合地反映着一个组织的形象。

可见，组织形象的构成要素是多方面的。以上组织形象的要素，可以进一步分析其内涵和外显两个方面。如质量和性能是产品形象的内涵，外观和包装是产品形象的外显。素质、能力等是人员形象的内涵，作风、仪表等是人员形象的外显。价值观念、职业意识等是文化形象的内涵，口号、厂歌、厂旗等是文化形象的外显。情调、风格、含义是标识形象的内涵，品牌、商标等文字、图案设计是标识形象的外显等等。

二、形象设计的特性与原则

形象设计是一种艺术性、创造性很强的工作，永远没有固定的模式和不变的蓝图。以下一般特性和基本原则，只为形象策划提供最一般的指导思想。

（一）主观性和客观性的统一

1. 主观性。即组织形象离不开主体的设计和传播，离不开公众的主观认定，带有主观性。从组织方面说，形象是根据主体的需要和特征设计与策划出来，又经过主体不断地传播和灌输塑造起来的，因此极富于主观的、能动的创造性。从公众方面说，对某个组织的具体印象，与他们各自的具体利益和需求、不同的价值观和审美取向、独特的思维方式和信息理解能力直接相关，因此带有一定的主观色彩。

2. 客观性。即组织形象必须具有客观的基础和内涵，并受公众对组织总体评价的客观制约。从组织方面说，形象是公众舆论对组织客观现实的反映，因此形象的内涵是客观的，形象具有一定的客观基础,形象设计绝对不能脱离组织的实际状态和条件。从公众方面来说,虽然个别公众的看法是主观的,但整体公众的总体评价则反映了相当的客观性,形象设计受这个总体评价的制约。

把握主观性和客观性的统一,是形象设计的第一个原则。

(二)统一性和差异性的统一

1. 统一性。即组织形象应该是统一的,讲究整体效果和系列组合,能够适应公众整体的要求。从组织方面说,形象要讲究整体效果,因此形象的设计要有统一的原则、统一的主题、统一的格调、统一的传播策划,做到各个形象要素一体化。从公众方面说,组织的总体形象要适应整体环境,适应各类公众对组织的一般要求。

2. 差异性。即组织形象必须有个性特征,对公众要有鲜明的针对性。从组织方面说,形象必须充分反映自身的个性,有独特的风格。不仅相对其他组织而言,而且相对组织下属不同的部分、不同的产品、不同的人员、不同的环境、不同的宣传媒介、不同场合的公关活动等等,都需显示一定的差异性。从公众方面说,组织形象要有较鲜明的针对性,即突出该组织在首要公众心目中的特殊形象;要适应不同公众的不同需求和不同视角,使组织形象具有特殊的指向性。

把握统一性和差异性的统一,是形象设计的第二个原则。

(三)恒定性和变通性的统一

1. 恒定性。即组织形象应该是相对稳定的,对公众具有长期、稳定的影响效果。从组织方面说,组织的人员、产品、政策、行为等等要有相对的稳定性、连贯性;而且组织形象的树立要经过长期不懈的传播努力,各个不同时期的公关设计都需要有承前启后的稳定性、连贯性。从公众方面说,一个组织的形象要经过长期的传播、连续的刺激才可能形成；一个形象一旦形成便在公众心目中形成心理定势，具有稳定的、长期的影响效果。

2. 变通性。即组织形象不会一成不变，会随着主客体的变化而变化，因此形象也需要相应的变通。从组织方面说，组织的产品、人员、政策、行为的变化，特别是危机事件的发生，必定会引起形象的变化。在组织发展的不同时期，知名度和美誉度也会有不同的变化，因此不同时期的公关活动要适应这种变化。从公众方面说，公众环境也处在变动的过程中，公众的变化，特别是重要公众的变化，必然会对组织形成不同的评价和印象，促使组织实际形象的改变，公关形象的设计也就需要随之变通。

把握恒定性和变通性的统一，是形象设计的第三个原则。

三、形象策划中的公众研究

形象成功与否取决于公众的评价。因此成功的形象是针对目标公众、受公众欢迎的有效形象。形象策划离不开对公众的深入研究。

（一）鉴别目标公众的权利要求

首先要全面鉴别本组织的目标公众，对各类公众与本组织有关的权利要求作出正确的分析和判断，并将其与本组织的目标和利益加以权衡、比较，以便确定形象设计的基本要点。比如，根据组织利益与公众要求的共同点强化正面形象，针对组织利益与公众要求的相异点作形象修补，针对组织利益与公众要求的冲突点作形象转换等等。

下面以公司为例，列举各类公众对组织的权利要求（见表 7-2）。

表 7-2

公司的公众对象	公众对象对公司的期望和要求	公司对公众的期望和要求
员工	就业安全和适当的工作条件；合理的工资和福利；培训和上进的机会；了解公司的内情；社会地位、人格尊重和心理满足；不受上级专横对待；有效的领导；和谐的人事关系；参与和表达的机会；等等。	遵守各项规章制度；不断提高工作效率和业务水平；完成产量、质量、成本、耗能等各项指标；关心企业，为企业分忧；对经营管理及生产、技术等方面提出合理化建议；良好的工作态度和上进精神；等等。
股东	参加利润分配；参与股份表决和董事会的选举；了解公司的经营动态；优先试用新产品；有权转让股票；有权检查公司帐目，增股报价，资产清理；有合同所确定的各种附加权利；等等。	……
顾客	产品质量保证及适当的保用期；公平合理的价格；优良的服务态度；准确解释各种疑难或投诉；提供完善的售后服务；获取必要的产品技术资料及增进消费者信任的各项服务；必要的消费教育和指导；等等。	……

续上表

竞争者	由社会或本行业确立竞争活动准则;平等的竞争机会和条件;竞争中的相互协作;竞争中的现代企业家风度;等等。	……
协作者	遵守合同;平等互利;提供技术信息和援助;为协作提供各种优惠和方便;共同承担风险等。	……
社区	向当地社会提供生产性的、健康的就业机会;保护社区环境和秩序;关心和支持当地政府;支持文化和慈善事业;赞助地方公益活动;正规招聘,公平竞争;以财力、人力、技术扶助地方小企业的发展;等等。	……
政府	保证各项税收;遵守各项法律、政策;承担法律义务;公平竞争;保证安全等。	……

续上表

媒介	公平提供消息来源;尊重新闻界的职业尊严;有机会参加公司重要庆典等社交活动;保证记者采访的独家新闻不被泄漏;提供采访的方便条件等。	……

(二) 研究目标公众对组织的特殊视角

一个组织的形象实际上不太可能面面俱到,适应所有公众的要求。要根据组织自身的特征及目标公众对组织的特殊视角来进行形象定位,即确定本组织在目标公众心目中的特定位置。因此要善于从目标公众的角度来研究组织形象,尽可能使组织形象适应主要的目标公众。

首先,应该概括各类公众权利要求中的共同点,根据这种共同点,制定公共关系的一般目标,设计组织的总体形象。为此,须将不同公众对本组织机构的相同或相近的要求概括出来。例如,"增加销售量"、"安全"、"公平竞争"等项,就是各类公众对企业组织的共同要求。增加销售量,员工的奖金和福利才能随之增加,股东才能分到更多的红利,顾客对产品才有充分的选择余地,政府才能增加税收,社区才可能增加就业机会等等。"安全"(包括生产安全、产品安全、环境安全等),显然也是员工、股东、顾客、政府、竞争者、社区等公众群体的共同要求。应该注意的是,有些要求的共同点可能只存在于某几类公众之间,也应该将它们逐一概括出来,作为制定公共关系总体目标、总体形象的依据。

其次，要注意分析特定目标公众的特殊要求。特定公众的特殊要求，是制定公共关系的特定目标、设计组织特定形象的根据。为了避免公共关系的目标过于广泛，难以达到，必须具体评价各类公众特殊的权利要求，分清轻重缓急，确定本组织的主要关系对象，并针对主要关系对象的特殊要求来制定公共关系的特定目标。一般来说，应该选择与本组织的信念和发展利益相同、相近或利益关系特别重要的公众，作为公众关系的主要对象。换句话说，与这些公众对象的关系好坏将直接影响和制约企业组织的目标和发展。如，Y食店以脖子上挂钥匙的小学生为主要对象；而Z大酒店以来华经商的富豪、商家为主要对象。它们所面对的主要公众不同，其形象设计必然各具特色。Y树立的是"薄利多销，诚挚服务"的形象；Z树立的是"豪华排场，一流享受"的形象。它们各自的形象设计都是成功的，都能吸引自己的主要对象，有利于企业自身的发展。但这又是两种特定的形象，不可置换，不可模仿，因为它们分别适应两种层次截然不同的特殊公众。可见，确定组织的主要公众对象，是制定公共关系特定目标的前提。

（三）建立有效的公众形象

一个组织的形象构思与策划成功与否，取决于三个方面的协调与平衡：

1. 组织利益与公众利益的协调与平衡。公共关系是组织求发展的一种策略，公关的目标是为促进组织的发展。而公关认为，组织的任何发展都应该和自己的公众环境的发展相协调。任何损害公众利益的发展，只不过是为将来设置陷阱。因此，组织公共关系的目标中，既要反映组织发展的要求，也要反映公众对象对本组织的要求。

2. 总体形象与特定形象的协调与平衡。组织形象的好坏是相对于公众的要求而言的,形象设计就是设法赢得公众的好感和支持。然而,组织所面对的公众非常复杂,对组织的要求千差万别。组织的公共关系目标,一方面要照顾各类公众对象的一般要求,避免"厚此薄彼";另一方面又要特别突出本组织在首要公众对象心目中的特定形象,以形成特殊的形象风格。

3. 知名度与美誉度的协调与平衡。知名度和美誉度都是公共关系追求的目标,不应偏颇任何一项。一方面,既在主要公众中获得足够份量的好评,也在一般公众心目中赢得普遍的好感;另一方面,既有足够的美誉度,也有相应的知名度。

四、公共关系计划和预算

在确定公共关系的目标后,必须围绕目标制定详细的计划和方案,作为传播活动的蓝本。

(一) 制定公共关系计划与方案的原则

1. 实用性与可行性。公共关系的工作计划应该与组织的经营发展计划相吻合,具有实用性;应该与社会环境条件相配合,具有可行性。公共关系活动不是孤立进行的,必须配合经营、销售、管理工作去进行。如新产品问世、新技术成功、新门市部开业、新的高级管理人士上任、新的服务项目推出等等,都是开展公共关系活动的时机。另外,社会上新的潮流、重大节日或重要活动等等,也是配合公共关系计划的时机。总之,要注意组织内外的动态,在适当的时候、适当的地点,以适当的方式,造成适当的气候,不失时机又不落痕迹地开展公共关系活动。

2.重点性与平衡性。公共关系的工作计划必须突出重点,将有限的公关资源使用在刀刃上。同时要有一定的平衡性,防止出现较大的漏洞或陷阱。公共关系计划不要期望过高,面面俱到,应突出重点。同时要特别关注长远利益,在照顾重点对象的时候不忘记平衡次要关系,注意消除潜在的公共关系问题。

3. 弹性与灵活性。公共关系计划在时间安排、财务预算等方面要留有一定的弹性,保持一定的应变灵活性。公共关系的工作量难以精确计量,制定财务预算和时间安排要留有一定的余地,以免出现意外情况时,使公共关系工作陷入僵局。

4. 连续性与衔接性。公共关系的计划与方案要注意承上启下的衔接性,使整个公关工作具有连续性。公共关系的效果是累积性的,良好的组织形象非一月半月、一年半载所能形成。因此工作计划切忌心血来潮、一窝蜂,或虎头蛇尾,三天打鱼,两天晒网。

5. 创新性与独特性。公共关系的计划、方案必须有足够的创意、新意,与众不同。社会关系不断变化,越变越复杂。任何一项曾经获得成功的计划都不能因袭应用,必须根据新变动、新条件、新要求、新对象而推出新的计划。公共关系计划特别忌讳模仿,创新是良好公共关系计划的重要标志。

(二) 公共关系计划与方案的基本内容

1. 年度公共关系工作计划的内容包括:

(1) 年度公共关系的具体目标和活动主题;

(2) 根据目标和主题设计的公共关系活动项目和具体传播计划;

(3) 每一个项目的主要内容、涉及的媒介和目标公众;

(4) 各项目实施的时间表和财务预算;

(5) 各项目的组织、人员及其职责、分工;

(6) 预计获得的成果等。

2. 公关项目具体方案的内容包括:

(1) 项目名称及目标、宗旨;

(2) 项目负责人、实施者及各自的职责;

(3) 项目筹备、实施的程序设计和时间表;

(4) 项目涉及的关系人及必要的分析;

(5) 项目所需的传播媒介、器材设备、外部环境条件等;

(6) 项目的经费预算;

(7) 项目成效的测评标准和考核方法等。

(三) 公共关系预算的编制方法

公共关系是一种经营管理的职能。每种管理职能都应该有正常预算,预算对于公共关系工作也是必须的。它可以从财力物力上保证公共关系的正常开展;可将公共关系的计划具体化;便于监督管理,堵塞漏洞;便于事后核算成本和考查绩效。

编制公共关系预算的方法有两种:

一是"按销售量抽成法",即按企业的总产值或销售量,抽取一定的百分比作为公共关系预算。这种方法的优点在于能够很快决定预算。其主要缺点在于预算缺乏弹性和计划性,不一定适合实际需要。

二是"目标作业法"。即先制定出公共关系期望达成的目标和工作计划,然后将完成任务所需的各项费用项目详细列举出来,核定各单项活动和全年活动的预算。这种方法的优点在于计划性强,弹性较好。但需要事先的审慎计划和预测,如预测不准确,就可能超支、短缺或浪费;且主观性较强,容易影响预算的控制。

公共关系预算的基本构成是：

1. 劳务工时报酬：大量公共关系工作靠人去进行，即使是发达国家，公共关系仍然是一种劳动力密集的行业，其成本自然以公共关系人员的工资、报酬为主。

2. 行政办公经费：办公用品、电话费、房租、水电费、保险等。

3. 专业器材和成品制作费用：制作各种宣传品、纪念品、摄影设备和材料、工艺美术器材、视听器材、展览设施和展品、交通或通讯设备。

4. 公共关系广告费用及各项大众媒介宣传费用。

5. 实际活动费用：座谈会、招待会、宴会、参观、大型纪念活动或庆典活动及其他接待应酬的开支；为公众免费提供的各种教育、培训和服务项目；调查研究费用以及公关人员的日常旅差费、交际费。

6. 赞助费：赞助社会文化、教育、体育和各种福利事业或慈善事业。

公共关系是一种预测性、灵活性比较强的工作，因此公共关系预算应该保持一定的弹性。有必要在预算中划出临时应变费用，从财力上保证公共关系的应变能力。

编制正式的公共关系预算，标志着公共关系正式纳入经营管理的职能。良好的公共关系计划和预算，是公共关系工作顺利进行、健康发展的重要保证。

第三节 公共关系实施——形象传播

公共关系过程的第三个步骤是将公共关系的计划和方案

付诸实施。为组织塑造、推销良好的社会形象,影响公众舆论,优化组织环境。为此,需要正确应用传播媒介和选择公共关系的活动方式。

一、应用传播沟通媒介的原则

面对众多的媒介,应该如何选择和使用才更加有效和经济,这是实施传播过程中的首要问题。

(一) 联系目标原则

根据公共关系的具体目标和工作要求选择和使用传播媒介和沟通方法。即选择和使用的手段与方法须符合公关工作的性质、要求,才可能充分发挥其功能。

公共关系可加以利用的各种媒介,都有其特定的功能,能够为公共关系的某一目的服务。选择媒介首先应考虑本组织公共关系工作的具体目标和要求。要提高组织的知名度,可利用大众传播媒介。要与社会名流沟通,可采用招待会、宴会。要树立社会信誉,就必须从完善产品质量和系列性服务项目入手。要缓解组织内部紧张关系,则可通过对话、座谈会及各种内部传播的方式。

(二) 适应对象原则

根据公共关系对象的特征选择和使用传播媒介与沟通方法。即根据不同的公众对象选用不同的传播方法,才可能使信息有效地到达目标公众,并被公众所接受。

对不同的公众对象,需要用不同的传播媒介。要使信息有效地到达公众对象,就必须考虑公众对象的经济状况、教育程度、职业习惯、生活方式及他们通常接受信息的习惯(如阅读、听广播)等等,根据这些情况去选择适当的传播工具。例如,对于文化程度不高的公众宜采用广播、电视;对于喜欢阅读思考的知识分子应多采用报纸、杂志；对于经常加班加点、行踪不定的出租汽车司机最好用电台广播；一个产品的信息要引起儿童的注意和兴趣，最好制作成电视卡通节目；等等。

（三）区别内容原则

根据传播内容的具体特点来选择和使用传播媒介与沟通方法。即根据传播的内容来决定传播的形式，使传播形式的优势得以充分发挥。

需要传播的内容用什么形式来表达才能获得最好的效果？这应该根据信息内容的特点，结合传播媒介的特点来考虑。一件比较复杂的事情，需要反复思索才能明白，就应该用印刷媒介（如报纸、杂志），而不宜用广播、电视，因其传播效果瞬间即逝。需要报导的内容涉及一个生动有趣的活动过程，则宜用电视或电影，容易产生诱人的效果。为扩大商标徽记的影响而向社会征求设计稿件，可用新闻或广告。而要回答某个消费者的投拆，只需面约商谈或用书信方式。

（四）合乎经济原则

根据具体的经济能力及最经济的条件选择和使用传播媒介与沟通方法。即根据组织的公关预算和传播投资能力，量力而行，精打细算，争取在最经济的条件下获得尽可能大的传播效益。

组织的公共关系经费一般都很有限。成功的公共关系应该在最经济的条件下去争取尽可能大的社会传播效益。所以在选择媒介时应该量力而行。同时，传播活动也需要经营头脑，比如人际传播在经费开支的绝对额来说比较节省，但大众传播（如广告）的作用范围广泛，所以它的单位平均成本可能更低。新闻传播比广告节省得多，但也可能招来许多意想不到的额外赞助负担。因此,考虑经济合算的原则还需从实际效果出发。健全的公共关系工作需要有稳定的财务支持,而有效的公共关系应把有限的财力用在刀刃上。

二、确定与选择公共关系活动的方式

公共关系活动方式,是以一定的公关目标和任务为核心,将若干种公关媒介和方法有机地结合起来,形成具备特定公关功能的工作方法系统。公共关系没有包医百病的处方。不同类型的组织机构,或同一组织的不同发展阶段,或同一阶段中针对不同的公众对象及公关任务,都需要有不同的公共关系活动方式。

(一)公共关系活动的业务方式

根据公共关系工作的业务类型,可以将公共关系活动划分为以下五种方式:

1. 宣传型公关。运用印刷媒介、电子媒介等宣传性手段,传递组织的信息,影响公众舆论,迅速扩大组织的社会影响。宣传型公关的特点是主导性强,时效性强,传播面广,推广组织形象的效果快,特别有利于提高组织的知名度。其具体形式有:发新闻稿,作公共关系广告,印刷发行公共关系刊物和各种视听资料,演讲或表演等等。要广泛运用报纸、杂志、电台、电视等不同的传播媒介。

2. 交际型公关。运用各种交际方法和沟通艺术,广交朋友,协调关系,缓和矛盾,化解冲突,为组织创造"人和"的环境。交际型公关的特点是直接沟通,形式灵活,信息反馈快,富有人情味,在加强感情联络方面效果突出。其方式包括社团交际和个人交际,如工作餐会、宴会、座谈会、谈判、专访、慰问、接待参观、电话沟通、亲笔信函等等。总之,通过语言、文字、人与人之间的直接对话等来交往与沟通。

3. 服务型公关。以实际的服务行为作为特殊媒介,吸引公众,感化人心,获取好评,争取合作,使组织与公众之间关系更加融洽、和谐,为组织提高社会信誉。服务型公关的特点是以行动作为最有力的语言,实在实惠,最容易被公众所接受,特别有利于提高组织的美誉度。如各种消费教育、消费培训、消费指导、售后服务、免费保用保修、各种完善的服务措施等等。任何一种类型的组织都能够以独特的方式为公众提供必要的服务。服务的目的不仅是促销,更重要的是树立和维护形象与声誉,因此具有公共关系的性质。

4. 社会活动型公关。以组织的名义发起或参与社会性的活动,在公益、慈善、文化、艺术、体育、教育等社会活动中充当主角或热心参与者,在支持社会事业的同时,扩大组织的整体影响。社会活动型公关的特点是社会参与面广,与公众接触面大,社会影响力强,形象投资费用也高,能较有效地同时提高知名度和美誉度。其形式有:赞助文化、教育、体育、卫生等事业,支持社区福利事业、慈善事业,扶持新生事物,参与国家、社区重大活动并提供赞助;还包括利用本组织的庆典活动和传统节日为公众提供有吸引力的大型活动或招待。

5. 征询型公关。运用收集信息、社会调查、民意测验、舆论分析等信息反馈手段,了解舆情民意,把握时势动态,监测组织环境,为决策提供咨询。征询型公关的特点是以输入信息为主,具有较强的研究性、参谋性,是整个双向沟通中不可缺少的重要机制。其形式有:开办各种咨询业务,建立来信来访制度和合理化建议制度,制作调查问卷,设立热线电话,分析新闻舆论,广泛开展社会调查,进行有奖测验活动,聘请兼职信息人员,举办信息交流会等等。

(二)公共关系活动的行为方式

针对不同的组织环境和公共关系的具体状态,可以采取不同的公共关系活动方式:

1. 建设型公关。适用于组织的开创阶段,以及某项事业、产品服务初创、问世阶段。为了提高知名度,形成良好的"第一社会印象",采用高姿态的传播方式,力图尽快打开局面,形成舆论,扩大影响。如隆重的开业庆典仪式,剪彩活动,落成典礼,开业广告等。

2. 维系型公关。适用于组织机构的稳定、顺利的发展时期。为了维系组织已享有的声誉,稳定已建立的良好关系,采取一种持续不断、较低姿态的传播方式,对公众施以不落痕迹、不知不觉的影响,保持一种潜移默化的渗透力,维系良好的形象。如保持一定的见报率;长期树立在高大建筑物上的企业名称、标志或商标巨型广告;服务性、信息性的邮寄品分发;逢年过节的拜访、慰问;给老关系户适当的优惠或奖励等等。

3. 防御型公关。适用于出现潜在的公关危机的时候。为了控制公关失调的苗头,防患于未然,采取以防为主的策略,重视信息反馈,及时调整自身的政策或行为,以适应环境的变动。

4. 进攻型公关。适用于组织与环境发生某种冲突、摩擦的时候。为了摆脱被动局面,创造新局面,采取以攻为守的策略,抓住有利时机和有利条件变换决策。迅速调整,改变对原有环境的过分依赖,开辟新的环境和创造新的机会。

5. 矫正型公关。适用于组织的公共关系严重失调,形象受到严重损害的时候。为了尽快挽回信誉,要采取一系列有效措施,做好善后的传播沟通工作,以求逐步稳定舆论,平息风波,挽回影响,重塑组织形象。

公共关系的实施即是公共关系传播信息、树立形象的过程,涉及各种具体的公共关系实务工作,这些将在以后章节加以介绍。

第四节 公共关系检测——形象评估

公共关系的第四步是检测公共关系活动的效果,在肯定成绩的同时发现新的问题,以便不断调整组织的公关目标、公关政策和公关行为,使组织的公共关系工作成为有计划的持续的过程。检测公关效果的方法包括:

一、公关形象效果检测

通过民意测验和舆论调查,借助"组织形象地位图",检查组织知名度和美誉度的改善情况;借助"组织形象要素调查表",检查组织形象要素的具体构成有了哪些进步;借助"形象差距图",检查组织的实际形象与期望形象之间的形象差距有多少改善。(参见本章第一节,第116页至第120页)

公共关系的成效主要不在于表面销售数字的增加,而在于关系网络的稳定和发展,舆论影响的维持和扩大,其社会效应是整体的、长期的。因此其效果的检测离不开民意测验和舆论调查,而且调查侧重于公众心理、态度、观点和行为的变化方面。

二、公关年度工作报告

以本年度的公共关系计划和预算为根据,将一年来的实施结果与预期目标和计划相比较,就公关各层次的目标及计划的实现程度和存在差距,提出有说服力的总结报告。在报告中应注意引用具体可见或可测量的成果、实例,以及引用有影响力的外界评价,以增强报告的客观性,供领导层作判断和评价。比如,为说明产品形象的变化,就需要引用与这个审核目标有直接关系的公众意见,如顾客的口碑、商店的赞誉、消费者委员会的表扬信、大众传播媒介的报导。总之,公关报告要注意充分运用事实和外部公众的客观评价来说话。

三、公关社会效益评价

公关年度工作报告往往是提供给组织管理当局或本组织成员作评价的,而"公关社会效益报告"则可以提供给更广范围的公众作评价(如股东,消费者团体,职工委员会,环境保护主义组织,政府部门等)。

公关社会效益评价是借助于"费用—效益分析",就企业组织与社会公众有关的活动事项作出正、反两方面的分析报告,用一定的货币量来反应和衡量公关的社会效益。其方法是:将企业用于经营必需之外的、自愿的社会投资算作是"正效益"(贡献),如额外改进职工福利,改善社区环境,赞助社会事业等;另方面,将企业忽略、延迟有利于社会公众的改善而带来的社会性危害视作"负效益"(缺陷),如污染环境等;然后用"正效益"减"负效益",就是企业的"社会纯效益"。根据这种方法制作的报告又称作"社会—经济业务报告",简称 S. E. O. S(Social-Economic Operating Statement)。以下是一例 S. E. O. S(见表 7-3):

表 7-2　某公司××××年度社会经济业务报告

I. 关于人的项目
　A. 正效益
　　1. 向残疾人提供培训的规划　　　　　　　　　　　$ 10 000
　　2. 向地方教育机构提供资助　　　　　　　　　　　$ 4 000
　　3. 雇用少数民族而负担额外
　　　 社会调整费　　　　　　　　　　　　　　　　　5 000
　　4. 新办职工子弟学校　　　　　　　　　　　　　　11 000
　　贡献总额：　　　　　　　　　　　　　　　　　　$ 30 000
　B. 负效益
　　延误某安全装置的安装　　　　　　　　　　　　　$ 14 000
　　C. 社会纯效益（A－B）　　　　　　　　　　　　＋$ 16 000

II. 关于环境的项目
　A. 正效益
　　1. 开垦与绿化垃圾场　　　　　　　　　　　　　　$ 70 000
　　2. 在 A 车间安装新式防污染装置　　　　　　　　　4 000
　　3. 处理污染废物　　　　　　　　　　　　　　　　9 000
　　贡献总额：　　　　　　　　　　　　　　　　　　$ 83 000
　B. 负效益
　　D. E. F 几个陈旧车间对环境严重
　　污染总损失　　　　　　　　　　　　　　　　　　$ 180 000
　C. 社会纯效益赤字（A－B）　　　　　　　　　　　－$ 97 000

III. 关于产品的项目
　A. 正效益
　　1. 支付产品安全委员会志愿人
　　　 员的薪水　　　　　　　　　　　　　　　　　　$ 25 000
　　2. 用无铅涂料代替原来的含铅
　　　 涂料　　　　　　　　　　　　　　　　　　　　9 000
　　贡献总额：　　　　　　　　　　　　　　　　　　$ 34 000

续上表：

B．负效益	
某产品未及时采纳安全委员会建议	
造成事故损害	$ 22 000
C．社会纯效益:(A—B)	+ $ 12 000
Ⅳ．全年总结:社会效益赤字	- $ 69 000
Ⅴ．累计:截至本年度初本企业社会	
纯效益	$ 249 000
到本年度末累计社会效益(贡献)	$ 180 000

应指出的是，一个企业的良好社会形象不能单纯用金钱上的贡献来衡量。一个社会贡献投资不多的企业，形象不一定不好；一个社会贡献投资较多的企业，也不能保证其形象一定好。"社会—经济业务报告"只是检测公关效果的一种方法。

四、新闻舆论分析报告

新闻舆论的敏感度很高，是反映组织形象的一面镜子。通过分析新闻舆论关于本组织的报导动向，可获知本组织形象的状态。新闻舆论分析的内容包括：

（一）新闻报导量的分析

1. 统计报导的总次数：包括本组织的年度见报次数和上镜次数。

2. 统计报刊关于本组织报导的篇幅（以字数计算）。

3. 统计广播、电视关于本组织报导的时数（以分钟计算）。

4. 统计报导本组织的各类媒介的总数量：参与报导的媒

介种类、数量。

5. 统计关于本组织新闻报导的涵盖面：参与报导的媒介的发行量，涉及的区域（如海外）。总的来说，报导量越大，引起社会公众注意和兴趣的程度就越高。

（二）新闻报导质的分析

1. 分析参与报导的媒体的层次性、重要性：报刊的级别（全国、省、市、行业性等）；报刊在国内外的影响性、权威性（读者面、读者层等）。层次高，影响力大，有重要读者层次或重要市场的报刊，更有利于提高知名度和信誉度。

2. 分析新闻媒介对本组织的新闻资料的使用方法：有关本组织的报导是正面、反面还是侧面的；全面报导还是摘要报导；重点报导还是一般性报导；是发表在重要、醒目的版面还是次要版面等等。这些差别均会使新闻报导对组织机构的有利程度产生重要影响。

3. 分析各方面对有关本组织报导的舆论反响程度：如编辑部的反应（对于本组织所提供的资料是否满意，是否适合报刊的性质和方针，是否及时，是否容易编发，是否需要作较大改动等等）；读者的反应（读者的注意程度如何，因报导引起的来电、来信、来访等）；政府和其他方面的反应；其他新闻媒介的反应（如其他报纸、海外报刊的转载、评论等）。通过分析社会舆论的反响程度，可鉴别出新闻报导的影响效果。

（三）新闻报导时机的分析

1. 分析有关本组织新闻报导的及时性和适时性，能否恰好配合组织的实际发展。

2. 分析有关本组织的报导与当时新闻舆论主题的关系，

能否成为当时舆论注意的中心,能否成为被报导的主角等等。

舆论是公共关系的基石,也是衡量公共关系成效的重要指标。但须指出:舆论的改善不仅仅是公共关系的功劳,舆论的恶化也不可简单归罪于公共关系所为。因此,根据新闻报导的分析来检测公关效果不绝对可靠。

五、公共关系广告效果的测量

良好的公共关系必然会转化为经济效益。通过编制预算,事后核算成本,公共关系的成效,特别是公共关系广告的效果是可以检测的。关于广告效果的检测方法,广告学作了许多有益的研究,可以参考。但需注意,市场上的变动因素很多,一个企业销售额、纯利润的增长受多种因素的影响和制约;而且,公共关系广告仅是公共关系的一种技术,其效果不能完全反映整个公共关系活动的成效。

检测公关效果的目的不仅是为了证实公共关系的成绩,更重要的是不断发现问题,预见新的趋势,为制定新的公共关系计划提供依据,以便不断地实行形象调整,使组织机构与整个社会环境变动同步。

公关调查→公关策划→公关实施→公关检测,这是公共关系工作的基本程序(见图 7-3)。实际工作过程是千变万化的,不可能有一成不变的公式。从这种一般程序中,会演化出各种各样的公共关系实务形式。

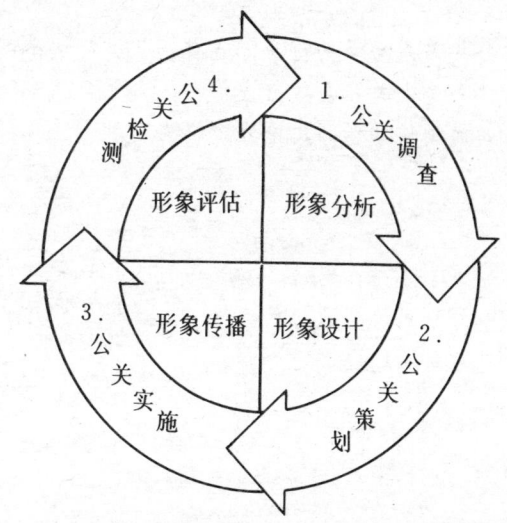

图 7-3 公共关系工作的基本程序

思 考 题

1. 公共关系程序的四个基本步骤是什么?
2. 如何进行自我形象和实际形象的分析?
3. 什么是知名度和美誉度?二者的关系怎样?
4. 如何测量组织的形象地位?
5. 如何分析组织形象的要素?如何比较形象差距?
6. 联系实际思考组织形象的构成。
7. 形象策划与设计的三大原则是什么?
8. 制定公共关系计划和方案要注意什么问题?
9. 选择、应用传播媒介的原则是什么?
10. 公共关系活动的业务方式有哪几种?请举例说明。

11. 公共关系活动的行为方式有哪几类？试举例说明。
12. 什么是公关社会效益评价？
13. 如何制作"新闻舆论分析报告"？

第八章 公共关系实务(一):公共关系调查

本章要点:详细介绍公共关系调查的一种主要方式——抽样调查,包括抽样的方法、问卷的设计、调查的方式等,并简要介绍其他的调查方法。

公共关系作为一种顺从民意、引导民意、影响民意的工作,必须以了解民意为基础。运用各种公共关系调查方法,了解舆情民意,监测环境变化,分析社会趋势,为组织决策提供依据,这是公共关系的一项重要业务。

公共关系调查广泛借用统计学、舆论学、社会学、市场学、社会心理学对社会调查方法的研究成果。比较常用的形式是抽样调查、文献资料剪辑检索等。

第一节 抽样调查

抽样调查是公共关系调查中应用最广泛的方法。用一句比较完整的话来表述,抽样调查即从所要研究现象规定范围内的全部个体单位中,按科学的随机原则,抽取部分单位进行调查或观测,取得数据资料,用以对现象整体的全面特征,作出有统计科学依据的、具备一定精密程度和可靠程度的估计和推断。抽样调查亦称为民意测验。其基本步骤包括：确定调查目的和方案，确定调查人口总体，抽样，拟定问卷，调查访问，整理资料数据，撰写调查报告。

公共关系运用抽样调查技术来了解公众的态度，预测公众舆论的倾向和趋势，以此去修正、调整或完善组织的政策、行为或产品，是组织了解民意、评价形象的基本手段。

一、确定调查目的和方案

民意测验是一项涉及面广泛的工作，必须以明确的调查目的作为整个工作的导向。因为调查目的关系到民意测验的人口总体的确定，以及问卷内容的设计。调查的目的应该具体、集中，切忌空泛、分散。围绕目的制定调查的总体方案，应该具有切实可行性。

二、确定调查人口的总体

根据调查目标确定调查人口的总体，即民意测验的对象集团。确定调查人口总体的目的，主要是划分和界定抽样调查的范围，排除不符合标准以及无关的对象。可以根据人口统计和人事资料，运用公众分类方法，明确调查对象总体范围。

三、抽　样

抽样是民意测验中一项关键性技术。即从大型的调查人口总体中抽取一部分作为调查样本，以便从样本的特征来推断整个调查对象总体的特征。

进行民意测验，除了对范围较狭窄的小型人口总体可以用普查的方式外，对大型人口总体一般均采用抽样调查的方式。根据概率论的原理，科学的抽样调查既可以取得可靠的资料，又可以节省大量的人力、财力、物力和时间。其道理就像医生为病人验血时不需要把全身的血都抽出来，只需抽取一点样本血来化验就可以判断一样。在这里关键在于能否科学抽取样本，样本的代表性决定了整个民意调查的准确性、有效性。所以，科学抽样是民意测验中一个关键环节。

影响样本质量的因素主要是样本的规模和样本的代表性。表面上看，样本规模越大，抽样的误差就越小。但实质上，样本规模远不如样本代表性重要。据美国报纸发行人协会介绍，只要样本的代表性具有95%的可信度，不同的样本规模对抽样误差的影响如下：

样本规模	100	200	400	600	750	1000
抽样误差	9.8	6.9	4.9	4.0	3.6	3.1
样本规模	1500	2000	2500	3000	5000	
抽样误差	2.5	2.2	2.0	1.8	1.4	

显然，在样本一定可信度的基础上，样本规模的增大比例，远比抽样误差缩小的比例大得多。当样本达到一定规模，如1500人以后，再增加样本人数，意义就不大了。多数公共关系调查所反映的往往是一种趋势，对抽样误差的要求并不十分严格。而且受人力财力限制，样本规模不可能很大。因此，控制样本质量的关键在于严格设计和组织抽样，使样本具有代表性。

为了抽取样本，需要有"抽样框"，即一份反映调查对象人口总体自然特征的基础材料，如地图、姓名地址录、电话簿、工商企业名录、职工花名册等，以便从中抽取样本。抽样的方式主要有"随机抽样"和"配额抽样"两类。

（一）随机抽样

随机抽样使人口总体中的每一单位都有同等的、可计算

的被抽中的机会,并能计算样本对其总体的代表性程度。随机抽样的具体方法有:

1. 间隔随机抽样。即将人口总体顺序编号,用等距法,每隔一定间隔抽出一人为样本。这种方法适用于规模不大的人口总体,而且调查内容无需考虑到调查对象群体内部的各种差异。例如,某公司有5000人,需要抽出50人作样本,则间隔为100。第一个样本是随机确定的数字:比如人口总体(花名册)顺序中的第48人;然后每隔100抽出一个号码:148,248,……直到抽出50人组成样本。亦可以借用随机数表进行抽样。这种抽样,主要考虑样本在人口总体中的均匀性,以此作为样本的代表性。

2. 分层随机抽样。即将人口总体按特征分层(分类),然后在每层(每类)中随机抽取样本。例如,按人口总体的性别、年龄、职业、教育程度、居住地等特征分类,或按行政组织的人口数字、人口密度等特征分层,然后按照分层同比或分层异比的方法随机抽样:

(1) 分层同比抽样。即按上述方法分层(分类)后,按同一比例,以间隔随机抽样法,分别从各层中抽取调查样本。例如,一个5000人的总体,由4000名男性、1000名女性组成,共需抽出500人为样本,抽样比例为1/10。那么,男性和女性两个层次,均按1/10的同一比例,各抽出400名男性和100名女性,组成500人的样本。

(2) 分层异比抽样。即将人口总体按特征分层后,根据特殊需要,在不同的层次(类别)中按不同的比例进行抽样。例如,抽样调查时为了更准确地观察某一类人的态度,可以扩大该类别的抽样比例:为了更准确地了解5000人总体中女性的态度,可以扩大女性的抽样比例,按1/5比例抽样,从

1000人中抽取200人；而男性仍按1/10比例抽出400人，组成600人的样本。最后，分析调查结果时，将男性回答结果扩大1倍，或将女性回答结果缩小一半，综合样本总体的回答结果。

分层随机抽样主要考虑样本的层次（类别）代表性，保证不同层次有同等被抽取的机会，而不考虑样本在总体中数量的均匀性。

3. 分区多级随机抽样。即对数量广大而分布散乱的公众，按区域划分为若干群，分阶段渐次缩小选样的地区范围，直至家庭或小组单位。这种方法是建立在分层随机抽样方法的基础上的。

例如，需要就某一问题抽样调查全国范围公众的意见，可以把全国地图，省、地、市、县等区域地图作为"抽样框"，分阶段逐次缩小抽样地区：

第一阶段：把全国划分为数百个初级地理区域，编上号码，从中随机抽选100个初级地理区域。这些初级地理区域或是大城市，或是由几个县组成的一块区域。

第二阶段：将选出的初级地理区域划分为由城市、区镇和农村组成的若干层，从中抽选出抽样地区。

第三阶段：在上述地区中抽选出更小的地段，如乡村或区街。

第四阶段：从这些地段中随机抽选出约二三十户为一单位的地块。

第五阶段：从这些地块中，用间隔随机抽样法，抽取出以家庭为单位的样本。最后由调查者按地图上的标志和调查要求，直接上门访问调查对象。（见图8-1）

4. 整群抽样。即将一个总体系统内的基层分支单位作为

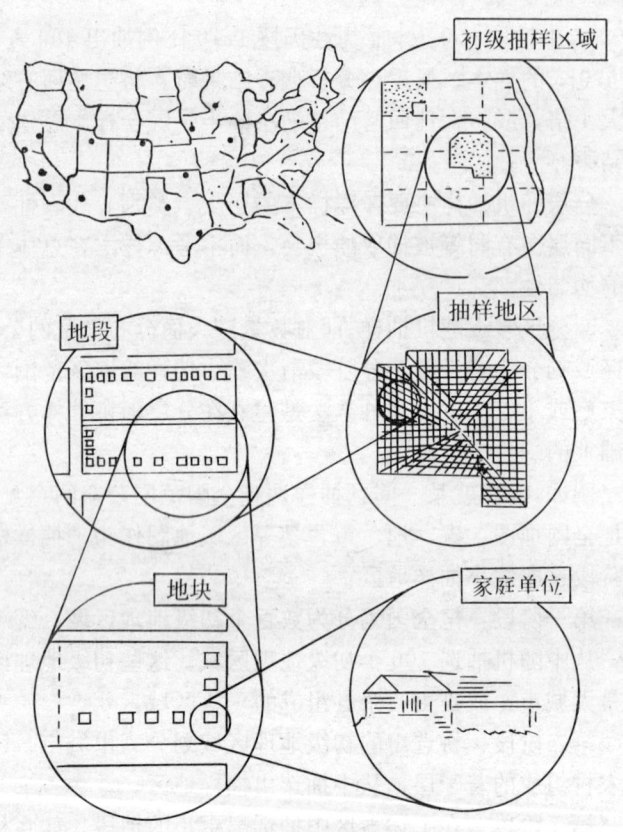

图 8-1 分区多级随机抽样示意图

抽样的基本单位,用随机抽样方式整群地抽取,然后对各群中的个体进行全面调查(即普查)。

(二)配额抽样

配额抽样是先确定调查对象人口总体的各项特征,根据"抽样框",按人口总体中具有各项规定特征的人口比例,确定样本中具有各种特征的人数比例。访问者认真遵照规定的特征比例抽选调查对象,作为调查的样本。

配额抽样须规定两项或两项以上的特征。如性别和文化程度。这些特征可以是相互独立的,也可以是相互交叉的。如,规定200人的样本中,男女性别应各占50%。而文化程度的比例则是大学占20%,高中占30%,初中占50%。对两项特征之间的关系不作具体规定。也可以规定样本性别与文化程度的交叉关系,如,规定100名男性中,大学程度占30%,高中占40%,初中占30%;而100名女性中,大学程度占10%,高中占20%,初中占70%。样本中各项特征的人数比例,应尽量与总体对应。

配额抽样按照总体的特征或被研究的特征来分配样本的比例,调查者严格按照预先确定的比例选择调查对象,并需确认其特征。这是一种不完全随机抽样法。

四、设计问卷

问卷是抽样调查的主要工具。调查者围绕调查的目标,拟定若干问题,供被调查者选择答案或回答,以收集被调查者的情况、态度和意见。

问卷的设计分为封闭式和开放式两种,以封闭式为主。封闭式问卷在每一问题下列出可供选择的备选答案,请调查对象选择。其形式主要有:

1. 两项选择。即是非题,在问题下面列出两项相对的答案,要求调查对象二择其一。

2. 多项选择。对提出的问题事先拟好若干答案,要求调查对象选择一个或数个答案。

3. 对比选择。在问题下面列出多项备选答案,或两组比较性答案,请调查对象根据自己的意愿选择其中的最佳答案。

4. 排序选择。为问题准备多项答案,让调查对象依照自己的看法(重要程度或优劣程度),排列各答案的先后顺序。

5. 意见程度选择。对所提出的问题设定几种程度不同的态度和意见,要求调查对象选择一种,以探测其意见程度。

封闭式问卷答案较规范,便于定量分析,在民意测验中大量使用。除此外,也可以适当使用开放式问卷,即自由式提问。这种问题没有备选答案,在问题后面留出空白供调查对象自由作答,充分发表意见。这种问题较难整理分析,问卷中不宜多用。主要应用于深度调查和直接访问。

设计问卷须注意:一张问卷上的问题不宜过多(一般不超过30个);问题的措辞应该简洁、准确、易懂,不带倾向性、引导性和强迫性;问题的顺序应按问题的类型、逻辑关系、对象心理合理安排。

下面一例问卷,包括了上述各种提问方式,供参考。

(1) 除了喝开水外,您是否饮用饮料?(两项选择)

　　是 (　　)　　　　　否 (　　)

(2) 您通常饮用哪些种类的饮料?(多项选择)

　　啤酒 (　　)　　香槟 (　　)　　茶 (　　)

　　汽水 (　　)　　可乐 (　　)　　咖啡 (　　)

　　果汁 (　　)　　奶类 (　　)

　　豆浆 (　　)　　矿泉水 (　　)

(3) 在下列左边和右边不同类型的饮料中,您喜欢哪一种?(对比选择)

　　果汁型 (　　)　　　　可乐型 (　　)

　　含酒精 (　　)　　　　不含酒精 (　　)

　　即饮型 (　　)　　　　浓缩型 (　　)

液体型（　　）　　　　固体型（　　）

瓶　装（　　）　　　　易拉罐装（　　）

小软包装（　　）　　　大支装（　　）

（4）您喜欢哪种牌子的啤酒？请按您的喜好程度填上顺号（排序选择）

青岛——　北京——　中国——　强力——

广州——　白云——　珠江——　五羊——

肇庆——　龙啤——　百乐——　蓝带——

（5）您对饮料的牌子、商标的重视程度如何？（意见程度选择）

非常重视（　　）

比较重视（　　）

一般留意（　　）

不太注意（　　）

毫不在意（　　）

（6）请您谈谈对××牌啤酒及其系列饮料的质量和包装的印象与看法。（自由式提问）

五、调查访问

确定了调查样本，拟好了调查问卷，便可以具体实行调查访问了。民意测验的调查方式一般有如下几种：

（一）面访调查

调查者直接走访被调查者，当面听取被调查者的意见。形式上，可以个别面谈，也可以小组座谈。请被访者当面填写问卷，可以说明目的，解释疑问，消除误解，互相启发，深入探讨，加深印象，回卷率比较高。但调查对象容易受访问者观点、表情的影响，或附和权威、多数人的意见，从而影响资料的准确性。同时,这种调查方式需要较大量的人力、时间和费用,成本较高。

(二) 信函调查

即信访,调查者将统一的问卷邮寄给调查对象,要求填写后寄回。信函调查的问题不宜过多,问题的表述应简明,问题的排列不带暗示;应为调查对象提供回函的地址、信封和邮资。这种调查方式适用面广泛,费用较低,调查对象有充裕时间认真考虑,从容作答,不会受访问者主观偏见的影响。主要缺点是回函率低(美国人较习惯这种方法,回收率也仅15%左右)。由于各地区回函率不一致,容易使样本的地理分布发生误差;由于受文化程度的影响,容易因答卷者的误解或请人代填,使样本资料失真。

(三) 电话调查

调查者按照统一问卷,通过电话向被访者提问,笔录答案。这种调查方法在电话普及率很高的国家很常用。在我国只适用于电话普及率高的人口总体,如城市大中型企业的厂长、经理。电话访问速度快,范围广,费用低;回答率高,误差小;在电话中回答问题一般较坦率,适用于不习惯面谈的人。但电话访问时间短,答案简单,难于深入,且受电话设备的限制。

(四) 深度调查访问

类似记者采访,不使用问卷,不受既定问题的限制,访问者按事先准备好的调查重点(调查提纲),与调查对象深入交谈,以求获知对象的深层动机、大量的感性材料、真实细节以及广泛的背景资料。深度访问需充分发挥访问者的主观能动性,创造融洽气氛,自由探讨,畅所欲言;也可以审时度势,旁敲侧击,善于引导等。但因为深度访问掺入较多的访问者的主观意图，谈话内容广泛，整理分析时难以编码统计，因而不能与问卷调查结果混同进行定量分析。而是作为问卷调查的辅助手段，用于重点对象和典型调查。

六、整理资料数据

实施调查访问并回收问卷后，必须对民意测验的结果进行分析、统计。其步骤包括：

1. 编校。根据问卷标准整理回收的问卷，统计有效问卷，剔除无效问卷，对不清楚的问卷进行补充访问校正、补齐。确保所回收的问卷资料的有效性、准确性。

2. 登录。将每份问卷上代表各种备选答案的编码登录在统计表格上。登录结束后，要进行抽查，避免漏登、错登。

3. 统计。累计每一个编码出现的总次数，即是样本中选答这一编码所代表的答案的人数；计算调查样本中选择不同答案的人的百分比。大规模民意测验可借助电子计算机进行统计。比较复杂的统计分析，需要专业的统计人员来进行。

4. 整理开放式问卷。通过抄录、摘要、分类，编出索引，以便查阅分析。

七、撰写调查报告

在统计问卷的基础上，进行分析研究，提出调查报告。调查报告的内容应包括：

1. 调查题目；调查委托人；调查主持人；调查日期；内容目录。

2. 调查的原因、目的和方法。

3. 调查对象的总体；抽样方法；样本总数及有关分析；回卷率。

4. 调查的结果及有关数据,各种答案的比率。
5. 调查者提出的结论和建议。
6. 附件,包括问卷样本、统计数据、背景资料等。

第二节 其他调查方法

一、文献资料剪辑检索

收集、整理、保存、检索、分析多种成文的文献资料(包括已发表和未发表的),建立公共关系资料数据库。

1. 收集。收集的文献资料包括:政府的统计资料;公开发行的报纸、杂志、书籍;未公开发行的各种内部刊物、研究报告、企业年报、市场情报资料和业务记录等。

2. 整理。对收集的资料进行分类整理,建立分类检索系统,如"新闻界档案"、"竞争对手档案"、"本企业剪报档案"、"法律政策档案"等。

3. 保存。通过剪贴、复印、装订、登记、编目、归档,以便查用。有条件的可采用电脑管理。

4. 检索分析。根据工作要求或职能部门的需要,检索出有关资料,提出分析报告,为决策提供咨询建议。

二、公共关系效果审查

公共关系效果审查就是运用各种调查手段,检测组织的公关形象,了解传播效果,分析公共关系隐患,寻找公关形象差距。常用的方式有:

1. 公关形象效果检测。即对组织的知名度和信誉度进行审查,对组织的形象要素的变化进行分析。(参见第七章第一节,

第四节,第 116—120 页,第 139 页)

2. 公关社会效益审查。借助于"公关投资—公关效益"分析,以货币概念反映组织的公关状态。(参见第七章第四节,第 140—142 页)

3. 新闻舆论分析报告。对有关本组织的新闻传播内容作定量和定性分析。(参见第七章第四节,第 142—144 页)

三、市场意见征询

公共关系调查亦可以借助于现代市场调查的方法,为企业的产品、服务形象征询意见。如市场调查中的观察法,派人员到现场观察公众的态度和行为,从中搜集资料和了解情况。具体方式如:

1. 动作观察。在商场的柜台、橱窗旁观察顾客对某种牌子产品、装饰、广告的表情、态度、言论或行为。

2. 展销观察。利用展销会、展览会、看样订货会等形式,派公关人员在现场征询公众的意见。

3. 实际痕迹观察。设置顾客意见簿、现场意见征询卡、用户要求联系簿、广告附设回条等方式,收集意见。例如,为了了解何种广告媒体更有效,可以在两种以上的报纸或杂志上刊登广告,在广告中附上回条,读者凭回条到公司购买商品享受九折优待。根据不同报刊在回条中占的比例,便知哪一种广告媒体更有效。

4. 行为记录法。为了测试电视台的节目收视率,国外一些公关公司或广告公司,抽选一些家庭作为调查样本,为这些家庭的电视机装上监听器,记录电视机的开关时间、收看的电视台及节目名称、收视时间长短等。过一段时间收集监听记录,便可以分析出某个电视台、某个电视节目的收视率。

5. 试验法。通过请顾客试用、试尝、试穿、先用后付款等方法收集意见。

四、公众意见征询

公共关系调查还可以通过各种社会途径保持与公众的联络与沟通,尽可能扩大组织的信息网络。

(一)来信来访

即公众通过写信、走访的形式向组织反映个人、群体或社会的意见和情况。建立和完善来信来访制度,是组织公共关系调查工作的重要方式。

1. 办理来信。办理公众来信应由公关部专人负责,基本要求是:

(1)及时拆封。当日来信,当日拆封,加盖收信章。信封与信纸一并装钉,注意保持信封、邮票的完整,以便佐证投信时间和地址。

(2)详细阅读。弄清来信内容,以便对要信、急信作及时处理。

(3)认真登记。为建立信访档案,可用来信登记簿,按项目填写来信基本情况:人物、时间、地点、主要内容。注意简洁、无误。

(4)妥善处理。根据来信的内容、性质,迅速与领导或有关部门取得联系,商量处理办法。

(5)检查督促。来信交办后,应检查督促处理措施的落实。

(6)认真复信。将有关处理意见和措施函复来信者,要注意文明礼貌。复信应加盖公章。

2. 接待来访。公众来访是送上门来的信息,公关部须认真接待。

(1) **热情接待。**对任何来访者都要热情接待。

(2) **认真听记。**请来访者填写来访登记,然后耐心听取和记录来访者的意见。

(3) **恰当处理。**来访者的意见应及时反馈领导或有关部门;协助解决来访者的实际问题;暂时不能处理的,作出合理解释,保持联络,待处理后再回复。

(4) **重点回访。**对有影响的来访者,可重点回访,进一步征询意见。

(二) 公众热线电话

为公众设立热线电话。听取投诉,收集建议,答复咨询。

(三) 聘请兼职信息调研人员

在社会各界物色兼职的信息调研人员,定期听取情况反映,给提供信息者适当报酬或奖励。

(四) 有奖意见征询活动

结合商品销售、广告传播,以抽奖形式鼓励公众提供批评、建议。

五、公共关系预测

公共关系不仅要调查现状,还要分析趋势,才能起到"预警系统"的作用。可以借助于各种预测方法,为组织监测环境的发展变化。

(一) 传播内容分析

对社会调查、公众分析获取的资料,以及各种传播媒介披露的信息作规范的分析,从中揭示趋势性的问题。

（二）专家意见法

采用匿名和反复的通讯方式，邀请一批专家按照调查提纲独立地发表预测意见，经过反复征询、归纳、修改，最后汇总成专家基本一致的看法，对中、长期趋势作出有代表性的预测。

还有因果预测法、领先指标法、动态关系法等等。

思 考 题

1. 什么是抽样调查？抽样调查包括哪些基本环节？
2. 随机抽样的具体方法有哪几种？
3. 如何设计封闭式问卷？
4. 调查访问有哪些基本形式？
5. 处理公众来信要注意什么问题？

第九章 公共关系实务(二)：公共关系宣传*

本章要点：本章介绍的公共关系宣传实务包括新闻宣传、公关广告、印刷品、影视宣传、组织视觉识别系统等内容。阐述这些宣传方式的特点、功能和实施方法。

公共关系需要将组织的有关信息准确、及时、有效地传送给社会各界公众，为组织提高透明度和知名度，创造良好的舆论气氛，推广良好的社会形象。运用各种传播媒介作公关宣传，是公共关系的一项日常业务工作。

第一节 公共关系新闻宣传

运用新闻报导的形式为公众提供信息，为组织创造声势，是公关传播中最常用的一种方式。

---

* 我们这里使用"宣传"一词是根据我国的语言习惯。本来使用"传播"或"推广"更好些。但考虑到我们译作"传播"的 communication 一词涵义更广，应涵盖公关调查、公关交际等其他公关实务，所以避免用在这里造成对"传播"一词的局限。

一、新闻传播的特点

新闻传播是一种典型的大众传播。公共关系运用新闻传播有四个较突出的特点:

1. 客观性强。本组织的信息通过新闻界站在公众的立场上来传播,容易获得公众的信任。而广告宣传作为一种自我宣传,商业色彩比较浓,不易获得信任。

2. 社会影响大。新闻报导的对象不仅是顾客,而且是社会各阶层,影响面比广告广泛;而且新闻传播媒介对所传播的信息具有"授予地位"的功能,即能够赋予被传递的信息以某种特殊的重要意义,能够提高被传播者的社会地位,具有提高社会知名度的特殊效应。因为,社会上每天发生的各种事情多得无法计数,而被新闻界报导出来的仅仅是其中很少的一部分,所以,一个信息经过新闻传播机构的重重筛选而被报导出来这个事实本身,就表明这个信息一定是重要的、有典型意义的,容易形成较大的社会影响。

3. 传播成本低。与广告相比,新闻传播被喻为"免费传播"。

4. 传播的主导性差。大众传播媒介是组织无法直接控制的。特别是在新闻宣传方面,某个信息是否能够被报导,从什么角度来报导,放在哪个版面位置,什么时候报导,以及报导的频率等等,组织是无权决定、无法控制的。

二、准备新闻资料

公共关系部门并不是主观利用或试图操纵新闻工具,而是帮助新闻界工作,为新闻界服务。因此,公共关系部门的一项日常工作就是坚持向新闻单位提供新闻资料,保持长期的信息沟通，而不计较稿件是否被采用。要提高新闻稿件的见报率，必须注意如下几点：

（一）新闻价值

毫无新闻价值的资料是不会被新闻单位采用的。新闻一般是对新近发生的与大众有关的事实的报导。新闻价值主要指新闻事实中能够明显引起公众注意和兴趣的特性，比如：时新性，普遍性，社会性，重要性，国际性，地方性，知名性，纪录性，新奇性，突发性，冲突性，危险性，内幕性，神秘性，浪漫性等等。这些特性越突出、越丰富，新闻价值就越高。具备以上这些特性之一，便可能构成新闻素材。

对于工商企业来说，下述事情可能具有新闻价值：

1. 新产品、新技术、新设备、新厂房、新业务、新服务、新市场等方面的成就和发展，以及它们的社会意义。

2. 企业的产值、销售额、利润、创汇等方面的重要突破，对国家及地方财政的贡献。

3. 重要的价格变动，及对公众带来的影响。

4. 企业新的计划、远景规划等。

5. 企业重要的组织变动，如兼并、联合，以及重要的人事变动等。

6. 企业成员的动人事迹，或获得特殊的社会荣誉。

7. 企业对职工福利、工作环境等方面作出的重大改善。

8. 企业的重大志庆活动及与名人有关的事件。

9. 企业为社会公众举办各种文化性、体育性、公益性、慈善性的社会活动或社会赞助等。

10. 企业的特定文化、企业精神，如企业的发展史、经营风格、管理哲学、营销观念、价值准则，及其特征性的表现如企业口号、名称、象徵、商标、品牌等等。

这些事情若从社会和公众的角度加以报导,便可能具有新闻价值。

(二) 新闻稿

应该用符合新闻学规范的方式来准备新闻稿件。首先是新闻稿的基本要素。一个完整的新闻稿件应包括新闻报导的五个 W 一个 H,即新闻稿的六要素:When(何时),Where(何地),Who(何人),What(何事),Why(何因)以及 How(过程怎样)。英国公共关系学家杰夫金斯则举出公关新闻稿的七个要素:主题,组织机构,地点,优点,应用,细节,消息来源。

其次是新闻稿的体裁。一般有倒金字塔式,并列式,顺时式等。其中倒金字塔式是一种典型的新闻稿结构,即以重要性递减的顺序来安排新闻中的各项要点和事实。这种结构由新闻导语和新闻事实两大部分构成,重点是新闻导语部分,开门见山和提纲挈领地交待新闻重点,即使全文只剩下导语这部分,它也能独立成文;然后,按照事实的重要程度顺次分段交待,最不重要的放在最后面。如图 9-1。

这里不是确定新闻稿的段落格式,而是说明新闻稿的信息安排顺序,应该将最重要的放在最前面,甚至要求第一句话就能把最重要的信息传达出去。这一方面符合读者阅读新闻的习惯,能够一开始就抓住读者的注意力;另一方面符合新闻编辑的编辑需要,当版面稿挤的时候,可以由下而上逐段进行删改。

再次是新闻稿写作的具体技巧,如简短、准确、具体、流畅、标题设计、格式的处理等,可参阅有关新闻写作的教材。

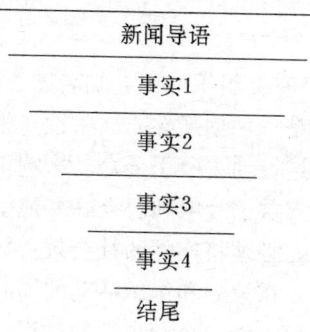

图 9-1　新闻稿的"倒金字塔式"结构

三、策划新闻事件

新闻传播的主动权不在公关人员方面,而在新闻界人士方面。为了争取更多的新闻宣传机会,就需要公关人员善于动脑筋主动策划媒介事件,创造新闻价值。

所谓"策划新闻事件",即公关人员在真实的、不损害公众利益的前提下,有计划地策划、组织、举办具有新闻价值的活动、事件,制造新闻热点,吸引新闻界和公众的注意与兴趣,争取被报导的机会,并使本组织成为新闻报导中的主角,以达到提高知名度、扩大社会影响的目的。如,和新闻机构联合发起和举办一项有意义的社会活动;邀请名人主持剪彩、落成、庆典等活动;举办公众感兴趣的有奖竞赛;创新经营方式,搞别出心裁的特别节目等等。

这种创造出来的新闻有其特点:

1. 不是自发、偶然产生的,而是经过公关人员精心策划安排的;

2. 比一般新闻更富有戏剧性,更能迎合新闻界及公众的兴趣；

3. 能明显提高有关组织的社会知名度。

策划新闻事件是一种创新性、周密性和组织性很强的活动过程，它力图通过行动去吸引公众，影响舆论。因此，这个活动的主题必须有益于社会和公众，并能引起公众的广泛兴趣。活动的过程，必须将实际的社会效益放在首位。为了赢得新闻界的支持，在策划和组织活动的同时，可以为新闻界准备好有关的报导资料，介绍事件的过程、特点及社会意义。并安排新闻界人士参加或观摩实际的活动过程，提供采访的便利条件。

四、记者招待会与新闻发布会

记者招待会是公关新闻传播的一种重要方式。记者招待会是一种二级传播：首先通过记者招待会，以人际沟通和公众传播的方式，将消息告知记者；然后由记者们以大众传播的方式进一步将消息告知社会公众。

一般来说，召开记者招待会需要做好以下工作：

1. 认真准备记者招待会所需的文字、图片资料，力求内容充实，包括主持人的演讲词、答记者问的备忘提纲、新闻统发稿，以及与将发布的新闻有关的背景资料、论据资料、照片、录音、录象、幻灯片等等。特别是可能引起争议的问题，应事先统一口径，并列出论点提纲，以备顺利应答。

2. 由负责新闻界联络的人全盘负责准备工作，落实出席招待会的人员，请示确定主要发言人，预先与各新闻单位联络沟通。

3. 选择适当的时间。应选择对各新闻单位的记者都方便的时间，并注意不与重要的节日及周末、假期相冲突，以保证各新闻单位的记者都能出席。

4. 写好请柬，注明举行招待会的日期、地点、单位名称、联系电话；举行招待会的主题，主要发言人的姓名和职务。请柬须及早发出，便于新闻单位进一步询问和了解详情。请柬发出后，最好再通过电话确定对方是否出席。

5. 为出席的记者预备好文件袋（内装各种资料和招待会议程），设置签名册及印上记者姓名、新闻单位名称的出席证。

6. 要有充足的工作人员负责接待，每位出席者，包括演讲者都应在胸前佩带写上姓名和职务的标签，并准备足够的名片。

7. 事先检查扩音设备及幻灯、录象或电影设备，保证不出故障；准备充足的座位、工作台及会场其他设施。

8. 如需参观现场，须事先计划好程序和路线，并由懂行的专家负责解说和答疑。

9. 招待会后可举行茶会或鸡尾酒会，以便记者有机会单独访问组织机构的负责人，并促进各有关方面的友谊。

10. 记者招待会宜守时、紧凑，遵守各项议程，不临时插额外的项目。

新闻发布会与记者招待会的形式有一定的区别：第一，新闻发布会往往是例行的；记者招待会一般是专题性的；第二，新闻发布会以"发布"、"告知"为主，发布者不一定需要回答记者的问题；记者招待会则以"答记者问"为主要特色，更具有双向沟通的特点。第三，新闻发布可以采取公告、书面等形式取代口头发布；记者招待会则必须有口头的交流。第四，新闻发布可以由一般层次的公关官员实行，而记者招待会则需要较高（甚至最高）层次的官员出面。

五、新闻界沟通的要点

公共关系要运用好新闻传播,就必须与新闻界建立良好关系。与新闻界的业务沟通应注意以下要点:

(一)了解和熟识新闻界联络的对象

新闻界联络的对象包括报纸、杂志、电台、电视台的总编、台长;各编辑室或节目部主任;具体负责采访、撰稿和设计版面的记者、编辑们;电台、电视台的节目主持人;时事新闻评论家、专栏作者和特约通讯员;以及新闻机构一般的工作人员。其中最主要和大量的是与记者、编辑们的关系,因为他们是实际采写和编选新闻的人,是渗入社会各领域、各阶层的活跃人物。公关人员除了要了解他们各自的责任,还应该了解他们个人的性格、爱好等个人资料,建立新闻界关系档案。

(二)熟悉新闻界的运作特点

新闻传播是专业性很强的一个领域,只有熟悉这个领域的业务特点,才可能掌握与新闻界沟通的规律。除了要认识不同类型传播媒介的功能和特点之外,在实际工作中还应注意了解:

1. 编辑方针。即各种不同报纸杂志的指导思想和内容特点。稿件只有符合媒介的编辑方针和风格特点,才有可能被考虑选用。

2. 发行周期。弄清楚是日报、晚报、周报,还是双周刊、旬刊、月刊、季刊或年鉴等。不同的发行周期有不同的载稿量和不同的用稿特点。

3. 排版、印刷时间和截稿期限。如日报和晚报的排印时间不一样,截稿时间就不一致。错过截稿时间,不仅使稿件的新闻价值降低，甚至使稿件作废。相反，如果掌握好不同媒介的排版周期和截稿时间，便可能使同一消息相继在日报、晚报、周刊和月刊先后刊出，形成一个持续的舆论效果。

4. 版面安排和栏目内容。了解不同媒介的版面安排及栏目特点，才可能有的放矢地进行联络沟通。

5. 印刷特点。了解该出版物是凸版印刷、凹版印刷，还是平版印刷。

6. 发行范围。了解出版物的发行范围是国际的、国内的、地区的、省市的，还是行业的。

7. 阅读对象。了解不同报刊读者的特点，如性别、年龄、职业、社会地位、国籍、民族、信仰等。

8. 发行方式。是征订邮送、书摊零售、定向发行，还是免费赠阅等。

根据上述内容，建立新闻界关系档案，必有助于搞好与新闻界的沟通。

（三）专人负责，长期联系

一个组织不可能每天都有新闻，但与新闻界联络不能到了有新闻的时候才去做，应加强平时的联系。这需要有专人负责新闻界的联络。这个人应该了解全面情况，又具有相当的职权地位，是组织授权的正式发言人，有较强的发言能力，既善于交往，又能坚持原则。指定专人负责，既便于长期联系和相互熟悉，使新闻界人士能逐渐积累起对组织机构的良好印象；又可避免因多头接触可能增加信息的失真和误会，使新闻界对消息来源有信赖感。

（四）与新闻界联络的原则

1. 尊重新闻界人士。要建立良好的新闻界关系，就必须了解新闻界人士的职业特点和职业心理，尊重他们的职业尊严。比如，新闻界人士认为，他们是公众的代言人和耳目，需要站在客观、公正的立场上进行报导，因此有权利了解各种事实的真相，掌握细节和数据。对此，公关人员应给予充分的理解和尊重。当记者采访时，应努力帮助他们了解事实真相，尽力为他们提供各种便利条件；记者需要会见有关领导和人员时，应尽可能及时引见或安排；记者要求核对某个事实，应提供正式、权威的材料。不要干预过问记者采访的动机，特别是不能以感情或利益诱迫记者刊登或取消某一报导；不干涉记者的报导角度和报导时机，尊重他个人的见解和风格；不应指定报导内容，应由记者自己去决定写什么和怎么写；如果某个问题或事实属于秘密，不便公开发表，应明确而又委婉地说明原因，表明对记者的信任，而不是简单地采取"无可奉告"的态度。总之，公关人员应有足够的耐性"奉陪到底"，使记者在采访工作中感到方便、自由和得到充分的尊重。

2. 遵循真诚、平等、守信用、讲效率的原则。**真诚**：不能把记者视作利用的工具，而应真心诚意地协助记者工作，帮助他们达到采访的目的，绝不有意无意地作假或隐瞒，或施加任何形式的压力。**平等**：对各个新闻机构，不论其大小、级别高低，都一视同仁，热情接待，不厚此薄彼；有重要新闻，应同时通知各主要新闻单位，不应遗漏，因被遗漏的新闻单位会感到难堪而产生不良印象。**守信用**：新闻单位的约稿一定要按时提供；记者约定的采访时间一定要遵守，因新闻传播的时效性很强，记者因忙于应酬、赶场和发稿，时间很珍贵。对于记者自行发掘的独家新闻，应视作记者个人努力的成果，为其保密，不泄漏给其他新闻单位。**讲效率**：记者的结交面很广泛，各种应酬场面见得比较多，在交往中比较注重实际。因此,不要用那些缺乏实际内容、不必要的应酬去烦扰记者。能用电话及书信说明的,就不必专门约谈;能用发新闻稿解决的,就不要专门开记者招待会。交往的形式应服从实际需要。

第二节 公共关系广告宣传

公共关系广告是公共关系宣传的一种重要形式,它通过花钱购买大众媒介或公众传播机会,向大众传递公关信息,树立、维持、改变或强化组织的公众形象。

一、公共关系广告的特点

公共关系广告是一种特殊形态的广告。与一般的商品广告相比,具有不同的传播特征。见表9-1。

表 9-1

	公共关系广告	商品广告
传播内容	与组织形象有关的信息	产品及相关的技术、劳务
传播对象	公众与舆论	顾客及潜在消费者
传播目的	"爱我":交朋友,树形象	"买我":卖产品,做生意
传播效果	长远的社会影响	近期的市场效果
营销功能	间接促销	直接促销
传播色彩	公众色彩较浓	商业色彩较浓
影响模式	公众→组织→产品	公众→产品→组织
表现方式	客观性强,报喜也报忧	主观性强,只报喜

公共关系广告在宣传上的这些特点,也反映了公关宣传的一般特征。

二、公共关系广告的类型

总的来说,公关广告的主题是组织的观念、实力、善意、声誉和形象。其具体形式则是多种多样的:

1. 实力广告:向公众展示企业在技术、装备、工艺流程、人才等方面的实力。这是一种推销企业整体,而不是推销某一产品的"企业广告"。

2. 观念广告:向社会宣传企业的经营目的、管理哲学、价值观念、方针政策、传统风格、企业精神等,争取公众的理解,缩短企业与公众之间的距离,确立组织形象。

3. 信誉广告:传播社会公众对本组织的好评、赞誉,及在国内外的获奖情况。即以公众的语调、"借人家之口"来作广告,以增加广告内容的客观性。

4. 声势广告:借落成、剪彩、庆典等大型活动创造声势。这是以唤起公众的注意、兴趣、提高组织知名度为目的的形象广告。

5. 祝贺广告:在节日之际用广告向公众贺喜,或在兄弟单位开业、庆典之际表示祝贺,即推销善意的广告。

6. 谢意广告:用广告形式向顾客、关系户致谢。除了用来表达商业礼仪,还可以借客户的影响进一步抬高本组织的地位。

7. 歉意广告:就自身的过错向公众致歉;或以退为进,以谦逊的方式表达组织已获得的进展和进一步的发展。

8. 解释广告:在受到舆论误解时,向公众澄清事实真相,解释组织的观点、政策和做法,争取公众的了解、理解、同情,扭转公众的态度,恢复正确的形象。

9. 响应广告:用广告响应社会生活中的某一重大主题,响应政府或社会团体有意义的社会活动,表达企业关心、参与公众生活,并借这一主题的社会影响扩大企业的影响。这类广告常配合社会赞助来作,是一种公众服务性广告。

10. 倡仪广告:以组织的名义率先发起某种有重大社会意义和社会影响的社会活动或新观念,动员大众关心和参与,以此为广告的主题,显示本组织领导社会新潮流的能力,凸现本组织独特的社会形象。

11. 公益广告:以公益性、慈善性、服务性的主题为内容制作广告,以赢取公众的好感。

12. 纪事广告:将企业的历史、发展状况、对社会的最新贡献,或具体参与某一社会文化、体育活动的来龙去脉与过程等方面的内容,结合公众的兴趣,编辑成故事、报告文学、专题特辑等,以报刊的较大篇幅或较多页码刊登(或称"复页广告"、"新闻性广告")。

公关广告的形式是多种多样的,并在实践中不断地推陈出新,形成一类与产品广告有别的独特广告。

三、做好公共关系广告的原则

1. 注意传播面和传播效果。广告费用虽高,但因接触面广,从理论上计算,其千人成本并不高。假设在黄金时间内播出 30 秒钟的电视广告需要 20000 元,可以接触到 1000 万人,则每千人所需成本只不过 2 元。传播面越广,传播效率越高,千人成本就越低。

2. 注意广告主题的一贯性和内容的创新性。企业的形象设计应相对稳定,以便形成严谨一贯、始终如一的风格。但宣传的内容、角度、手法等则应不断创新。

3. 注意广告的社会性、公众性、文化性、思想性等,减少商业化的痕迹。

第三节　印刷品宣传

除了媒介宣传和广告宣传两种主要方式之外,还有许多由组织直接制作、控制和实施的传播媒介和手段,其宣传功能往往能够比较直接、方便、灵活地配合组织的需要。其中最主要的一种是各类印刷品。印刷类的宣传品在公关传播中被大量地使用,已成为大众媒介之外最重要的宣传手段之一。印刷品的主要种类及应用主要包括:

一、公共关系报刊

这是组织直接控制的一种"准大众媒介",包括组织自己拥有并定期编辑出版的报纸、杂志、快讯等。根据不同的对象,有"员工刊物"、"股东金融快讯"、"消费者杂志"、"就业指导杂志"等等,有针对性地与某类特定的公众对象沟通。一般来说,可以分为内刊和外刊两类。

(一) 组织内刊

内刊是组织内部沟通的媒介,其形式一般以小报或小型杂志为主,其发行量视本组织的人数而定。其内容是组织成员所关心、期待的事情,如组织新制定的政策、措施;重要的人事变动;生产经营成果和盈亏状况;技术革新和发明创造;员工的晋升、奖励或处罚;有关工资、福利、工作条件的改善;杰出的事迹和好人好事;批评和建议;有关文娱、体育、教育方面的动态;有关同行、竞争对手的信息;外界有关本组织的评价或其他新闻报导等等。

(二) 组织外刊

公共关系外刊是对外部传播的媒介,由于其针对性比较明确,因此要特别研究和针对某类公众对象的特点、需求,专门为他们提供本组织某一方面的信息。如面对消费者的刊物,专门编写有关新产品及其使用、保养、维修的资料,提供有关消费引导和教育的信息;对股东发行的刊物,则要侧重于经营状况、盈利状况、财务金融方面的信息;为吸引外商的招商指导刊物,要注意突出各种投资环境、软件服务、投资项目、优惠政策等方面的内容。

(三) 公共关系报刊分发

公共关系报刊(无论内刊或外刊)在内容和分发两方面都必须准确地抓住读者,否则,可能在瞬间就变成废纸。因为,第一,这些报刊不是大众读物,对无关的人用处不大或根本没用;第二,这些报刊一般是赠阅或低价发售的,送错对象一方面造成浪费,一方面有关报刊资料不会得到保留和传阅,大大降低其传播效益。

要解决这一问题,就需要整理和掌握读者的名单和注意分发的方法。首先是根据公众对象的资料档案,整理一份尽可能准确的名单(个人或机构),以确定印刷的数量和分发的线索,并作为调查发行效果和阅读反应的根据。名单需要随时根据情况的变化进行调整。其次,注意分发的渠道和方法:① 直接邮递;② 在有关会议或活动场所派发(如股东大会上派发股东年报);③ 摆放在会议室、展览厅、图书资料室、会所大堂、餐厅入口处、公司门口等,以方便取阅;④ 以征收会费形式低价订阅,或指定地点索取,以避免浪费;⑤ 注意分发的适当时间:如安排在员工领取工资日,股东领取股息日等读者对象情绪较好的时候进行分发,效果一般都会比较好。

二、小册子和书籍

主要指配合特定的主题,专门编辑出版的宣传性出版物。如企业 CI 手册,周年纪念专刊,影集,画册,报告文集,论文集,传记文学,产品手册,专项服务手册等。这类出版物的内容比较稳定,时间性不强,非定期出版。其主要作用是资料性、参考性较强,具有专门的指导性、教育性,它们的传播目的更侧重于促进理解。这类出版物的成本较高,赠阅面不可能太广,主要赠送给舆论领袖、机构团体、图书馆和有关研究机构等。如新产品手册往往不是直接送给消费者,而是送给经销商、代理商、展览会等。而部分品种则可能正式进入销售渠道发行,如传记文学、论文集等。

三、其他印刷品

其他印刷品还有很多,如卡片、传单、海报、各种宣传活页、宣传单张等等。配合大型公关活动或市场销售战役,必定要使用各种比较灵活多变的"战术性"宣传品,而期刊或书籍编辑出版的周期较长,难以随时配合宣传活动的需要。虽然这类宣传品内容比较简单,但能够高频率、高密度地使用来作局部的、区域性的传播。

这类"战术性"的印刷品在使用上非常灵活、方便。比如,可以附在产品包装里面,随产品销售出去;可以摆放在销售点、展览厅、酒店大堂任人自由取阅;可以配合公共关系活动现场派发;可以在公共场所的宣传橱窗、广告专栏张贴;可以直接送到有关对象团体、机构的办公室、生产和活动场所;可以作为 POP 的媒介组合因素,如悬挂起来;也可以作为邮递宣传品,通过邮政网络传递等等。

第四节 组织识别系统:CI 传播

在组织形象宣传方面,组织识别系统的传播作用十分明显。因为70%—80%的形象信息是通过视觉渠道传递的,而其中相当部分又以感性和直观的形式来表达与传递。组织标识作为直观的视觉符号,在形象传播方面是不可缺少的。

一、组织识别系统的传播特点和功能

组织识别系统简称 CIS,英文全称为 Corporate Identity System,一般简略为 CI。CI 主要是一种视觉形象传播系统,即对组织机构的一切可视事物进行统筹设计、管理和传播,使组织机构的形象识别要素个性化和统一化,以达到强化整体视觉形象的传播目的。

完整的 CI 系统包括三个层次:即 MI(Mind Identity,企业理念的识别与认同),BI(Behavior Identity,企业行为的识别与认同)和 VI(Visual Identity,企业视觉的识别与认同)。

(一) 实施 CI 传播的特点

1. 形象的个性化、专有化。CI 是根据组织特有的个性和内涵来设计的形象标识物,它使本组织的视觉形象具有鲜明的个性,与其他组织显著地区别开来。CI 设计的一整套识别标志必须是本组织专有的,不能与其他组织雷同或相似。

2. 形象的统一化、系列化。CI 要求根据既定的形象构思和既定的组织的意念,将所有的视觉形象要素有机地统一、组合起来,按照一定的标准和规范形成系列,使组织的形象能够做到始终如一、内外一致、处处统一,从不同的角度和层次输

出同一个形象信息。

(二) CI传播的功能

由于上述特点,使CI在形象传播中具有以下的功能:

1. 识别功能。通过实施CI,使本组织的形象鲜明易认,从而能够帮助公众准确、迅速地识别本组织。

2. 渗透功能。通过实施CI,强化了各形象要素之间的内在联系和呼应效果,从而从不同的角度和渠道给予公众连续的、潜移默化的信息刺激,使组织的形象具有更强的渗透力。

二、组织识别系统的内容

CI追求的不是单一的产品形象,而是组织整体的形象。通过对组织识别标志的基本要素进行统筹设计,制定组织视觉形象的基本规范,再具体应用到组织的一切可视事物的设计、制作过程中,以达到组织"整体包装"的效果。

(一) 基本要素系列

基本要素系列包括组织名称、产品品牌、组织的徽记、产品的商标、专用和标准字体(中文、英文、数字等)、标准色彩、构图组合规范,以及音乐、歌曲等。这些基本要素一经设计定型,列入CI手册,就需要比较稳定,不得随意改动。

(二) 应用要素系列

将基本要素的设计具体应用到组织经营管理活动的各个方面,才可能形成CI的传播效果。以企业为例,CI的应用要素包括:

1. 产品系列:工艺设计风格、款式、色调、商标铭牌、包装(包括包装箱、盒、袋、纸、绳等)。

2. 办公用品系列:信笺、信封、证章、单据、表册、名片、文件夹、公事包、笔等。

3. 宣传制品系列:公司简介、目录书、报刊、小册子、画册、宣传单张、公关礼品等。

4. 环境系列:建筑物风格、门面招牌、内部装修情调(办公室、会议室、接待室、陈列室、生产车间等)、路标和指示牌等。

5. 装备与运输工具系列:主要装备设施、集装箱、生产与办公用车、交通车辆、船舶等。

6. 人员服饰系列:制服、领带、带夹、厂徽、胸章、帽徽、专用纽扣、皮带扣等。

7. 事务用品系列:茶具、碗碟、保温瓶、卫生桶、烟灰盅、打火机、毛巾等。

8. 营销活动系列:销售专柜和设备、各种POP宣传品(海报、挂旗、悬空气球、宣传单张)、橱窗、陈列室、展览室、订货会等方面的布置。

9. 广告宣传系列:电视、电台、报纸、杂志的广告设计,路牌、灯箱等广告平面设计。

10. 公关特别节目系列:专题活动、庆典仪式、发布会,赞助社会事业、企业文化活动等的现场装饰与布置。

总之,对有关本组织的一切可视事物的形象,进行统筹策划、设计、制作、控制和传播,以强化组织整体形象宣传的力度。这就是 CI 传播的宗旨。

第五节　其他宣传方式

一、影视宣传

常用的影视宣传手段有专题影片、录象磁带、幻灯片、激光影碟等。它们属于组织自控的直观形象媒介,即不同于大众传播的电视、电影;在内容方面不是大众娱乐性、普遍适合于广大公众的,而是具有特定的宣传教育主题,用于影响特定公众群体的;不是由大众传播机构制作、控制的,而是由组织自行(或与专业机构联合)制作并由组织自己掌握和使用的,因此在运用形式和功能上更加灵活、多样化。这类直观媒介的公关宣传方式主要运用于:

1. 培训示范。对新员工的岗前培训,对经销商或服务人员进行操作示范,是一种生动形象的教育手段。

2. 介绍概况。为来访参观者播放组织的历史、现状、发展的概况,使参观者在短时间内了解组织的总体情况。

3. 购物引导。提供给大商场的闭路电视系统,电视台的直销热线节目或有线电视网,进行消费引导和消费教育。

4. 展览活动。在展览会的放映厅、电视屏幕墙和闭路电视系统播放,配合静物展示作动态的图象展示。

5. 研讨交流。可用于研讨会、订货会、招待会上播映,加强演讲的效果。也可以通过各种商业、文化、科技、教育等交流活动,赠送给各地及海外有关机构、电视台播放。

6. 配合赞助广告活动。有关的专题影片,可配合赞助电视台的故事片或娱乐节目、体育节目,作为广告补偿播放。也可提供给电影院作为加片或间场节目放映。还可以提供给某些公共交通工具,如飞机航班(包括候机室)、客轮、长途巴士在电视上播放。

7. 资料储存。可提供给图书馆的影视资料收藏馆或政府的信息服务部门,供需要者租借使用。

可以预见,随着家庭录像机和有线电视网的普及与发展,这类影视宣传媒介将会发挥更大的作用。因为人们毕竟最喜欢通过集形、色、声、字于一体的活动图象媒介来接受信息。

二、实物宣传

产品、模型、有形的服务本身也是一种传播的媒介，用来配合一定的宣传主题，营造真实、热烈的现场气氛，形成公众的口碑宣传。如，提供样品给消费领袖试用，作征询性的宣传；向有关事业团体馈赠产品，作赞助性的宣传等。

三、人员宣传

通过训练有素的公关人员，对目标公众作面对面的现场宣传，如公众演讲、游说活动、现场服务、示范表演等等，发挥语言和行为所特有的感染力，使宣传活动更富于感性和情绪上的煽情色彩。

思 考 题

1. 公共关系运用新闻传播的主要特点是什么？
2. 如何为组织挖掘新闻素材？
3. 新闻稿的基本要素是什么？
4. 什么叫做"策划新闻事件"？
5. 如何组织记者招待会？
6. 与新闻界沟通要注意什么问题？
7. 与商品广告比较，公关广告有什么特点？
8. 公共关系广告有哪些基本类型？举例说明。
9. 什么是公共关系报刊？
10. 什么是CIS？CI传播的特点和功能是什么？
11. 简述组织识别系统的内容。
12. 影视宣传主要应用于哪些场合？

第十章 公共关系实务(三):
公共关系交际

本章要点:简要介绍公共关系交际事务中的部分内容,包括迎来送往、会见会谈、签字仪式、宴请形式,以及有关的社交礼节等。

第一节 公关交际事务的若干形式

组织面对着各种复杂的社会关系和社会矛盾,需要运用协调沟通的手段,广交朋友,化敌为友,减少摩擦,化解冲突,联络感情,增进友谊,为组织创造"人和"的社会气氛。日常公共关系工作涉及的交际事务纷繁复杂,其中较常见和规范的团体沟通事务有如下形式:

一、接待工作

一个组织由于各种关系而来访的人涉及面很广,如采访的记者、协作单位、股东、上级主管部门、投诉的顾客、社区团体、索取赞助者、参观团体、远道而来的外宾等等。来访者可能是单个的人,也可能三五成群或者为一个团体。这是一种送上门来的公共关系。公关部能否给予他们热情、礼貌和周到的接待,做好迎来送往的工作,影响着他们对组织机构的第一印象。

(一)办公室接待

公关部经常需要在办公室接待各种来访者,倾听他们的投诉,回答他们的咨询,解决他们的问题,或商量、讨论某件事宜。

对于来访者,无论是何人,首先应以微笑礼貌地表示欢迎,热情招呼来访者坐下,给来访者端上一杯热茶。然后委婉而迅速地了解清楚来访者的身份、来访目的和具体要求,以便决定接待的规格、程序和方式。

对于特别重要的来访者,应由公关部经理亲自出面接待并立即传报上级主管乃至最高负责人;按照客人的身份安排对等的接待者是必要的,但通常公关部经理被授权代表组织,甚至代表最高负责人出面接待,可适用于各种级别或不同层次的客人。

对于专业性较强的访问,公关部应立即与有关的专业技术部门联系,积极引荐有关方面的权威人士,并协助做好一切安排。

对于新闻记者或意见领袖,应特别谨慎和热情、周到。首先采取合作的态度了解清楚对方的意图,但不轻易表示赞成或反对的态度;必要的话,回答有关敏感问题之前,应向最高层或有关部门请示;在实事求是提供情况的前提下,尽可能树立组织的正面形象和信心。其次,注意为他们提供各种便利条件,真心实意协助他们工作。

对于一般的顾客,应耐心地倾听他们的投诉,热情地回答他们的咨询,尽可能解决他们的实际问题,让他们带着满意的心情离去。

对于社区代表或赞助团体,在认真考虑他们的要求后,应根据企业的赞助条例或有关规定,结合企业利益分别对待,无论是接受、商榷或拒绝,都应不失礼节。

总之,有针对性地做好接待工作,为组织多交朋友,消除敌意,是一项既琐碎又重要的日常工作。

公关部应具备较好的接待条件,如相对独立、安静、舒适的接待环境,基本的服务设备和用具,供来访者了解情况用的各种宣传性画册、刊物和资料,送给来访者作留念的小纪念品等。这本身就表达了对客人的敬意。

(二)群体接待

一般指参观团体。对于有组织的来访者,也应有组织地进行接待。这是一个融合了交际、宣传、特别节目等形式的综合性活动,后面设专节介绍。

(三)车站、机场迎送

公关接待工作的"善始善终"往往表现在车站、机场、码头的迎送环节上。迎送工作的有关事项如下:

1. 认真研究客人的基本资料。准确记住客人的名字、相貌特征(如事先有照片的话),弄清楚客人的身份、来访目的、与本组织的关系性质和程度,以及其他背景材料。

2. 确定迎送规格。根据以上资料,结合本组织的具体情况,确定迎送规格。对较重要的客人,应安排身份相当、专业对口的人士出面迎送;亦可根据特殊需要或关系程度,安排比客人身份高的人士破格接待,或安排副职、助理出面。对于一般客人,由公关部派员迎送即可。

3. 做好迎送准备工作。比如,与有关交通部门联系,核实客人的班机或车船班次、时间;安排好迎送车辆;预先为客人准备好客房及膳食;如果对所迎接的客人不熟悉,需要准备一块迎客牌子,写上"欢迎×××先生(小姐、女士)"以及本组织的名称;如需要,可准备好鲜花等。

4. 严格掌握和遵守时间。无论迎送,均需提前到达机场、车站或码头,不可迟到。要考虑到中途交通与天气原因。如送行时客人需办理托运或登机手续,可由公关部派员提前前往代办。

5. 迎接与介绍。接到客人后,即表示欢迎或慰问,然后相互介绍。通常先将前来欢迎的人员介绍给来宾;或自我介绍,并递上名片。客人初到一般较拘谨,应主动与客人寒暄,话题宜轻松自然,如客人的旅途情况,当地的风土人情、气候特点、旅游特色,客人来访的活动安排、筹备情况、有关建议,以及客人可能关心的其他问题。除客人自提的随身小件行李外,应主动帮助客人提行李。

6. 妥善安排。客人抵达住地后,尽可能妥善安排,使客人感到宾至如归。如,向客人提供活动的日程计划表、本地地图和旅游指南;向客人介绍餐厅用膳时间及主要的接待安排,了解客人的健康情况及特殊需要(如回程机、车、船票);到达后不要马上安排活动,迎接人员不必久留,以便让客人更衣、休息和处理个人事务;分手前应该约好下次见面的时间及联系方法等。

二、会见与会谈*

为了融洽双边关系,增强双向沟通和相互了解、相互合作,公共关系部门常需要为主、客双方组织和安排会见和会谈活动。这是较为正式的社交活动。

---

* 会见、会谈、签字仪式、宴请等内容参阅李斌著《国际礼仪与交际礼节》,世界知识出版社出版。

(一) 会 见

会见,国际上一般有接见和拜会之分。凡身份高的人士会见身份低的人,或者主人会见客人,一般称为接见或召见。凡身份低的人士会见身份高的,或者客人会见主人,一般称为拜会或拜见。我国一般统称为会见。接见和拜会后的回访称回拜。

会见就其内容来说,有礼节性的、事务性的、政治性的,或兼而有之。礼节性会见时间较短,话题较为广泛、轻松,属于一种较正式的见面形式。事务性会见则涉及双方关系的交涉、业务商谈等。政治性会见一般以国与国之间双边关系、国际局势为内容。

会见可以安排在办公室或会客室。在会客室会见的座位安排:客人坐在主人的右边,如需要译员和记录员则安排坐在主人和主宾的后面。其他客人按礼宾顺序在主宾一侧就座,主方陪见人在主人一侧就座。座位不够可在后排加座。(如图10-1)

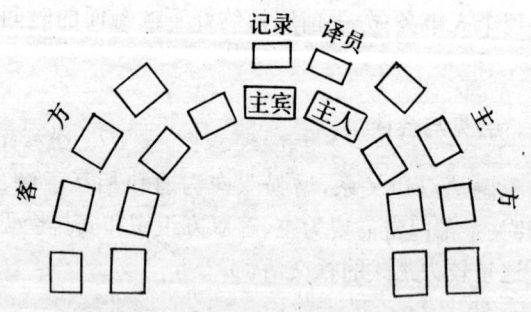

半圆型会见座席

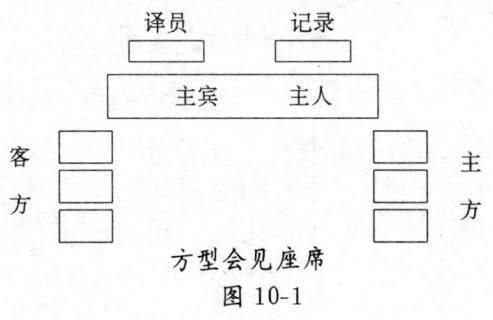

方型会见座席
图 10-1

(二) 会 谈

会谈,指双方或多方就某些正式或重大的政治、经济、文化以及其他共同关心的问题交换意见,或洽谈公务,业务谈判等。会谈的内容一般较为正式,政治或业务的专题性较强。

考虑到会谈(特别是谈判)的气氛比较正规、郑重,对等性强,因此,座席的安排更讲究双方或各方的平衡,通常用长方形、正方形、椭圆形或圆形桌子。

最常见的是长方形桌,宾主相对而坐。以正门为准,主人占背门一侧,客人面向正门。主谈人居中。译员安排在主谈人右侧或后面。其他人按礼宾顺序左右排列。如图10-2。

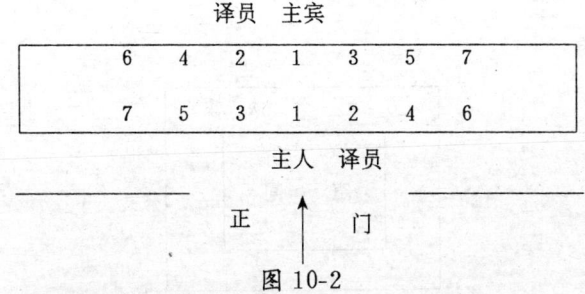

图 10-2

如会谈长桌一端向正门,则以入门的方向为准,右为客方,左为主方。如图10-3。

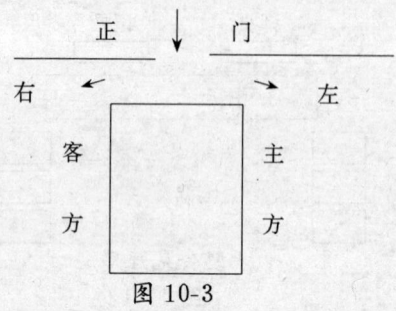

图 10-3

多边会谈,座位最好摆成圆型或方型。如图 10-4、10-5。

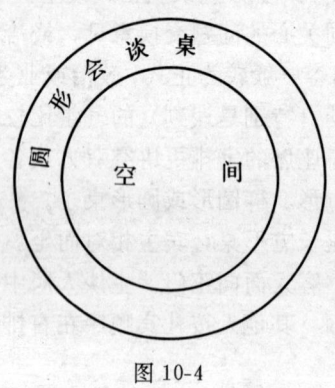

图 10-4

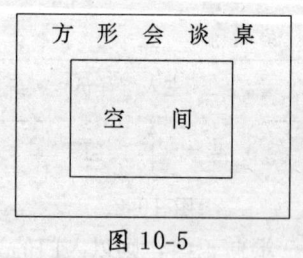

图 10-5

(三) 会见和会谈的注意事项

1. 提出会见的目的和要求。拜会者根据双方关系、本人身份及业务性质,提出要求会见主方某人士,约定会见时间、地点、参加人员。接见一方应尽早回复。如因故不能接见,应婉言解释。

2. 接见一方的安排者,应主动将会见(会谈)的时间、地点、主方出席人及有关事项通知对方。拜见一方的安排者,应主动向主方了解有关事项。

3. 准确掌握会见(会谈)的时间、地点和双方人员名单,及早让有关方面作好准备及安排。主人应提前到达候客。

4. 接见一方应在会见(会谈)场所安排足够的座位,并事先排好座位图,现场放置座位卡;准备好扩音器、灯光等设备以及茶水、饮料。

5. 如需合影,应事先排好合影图。合影时一般由主人居中,按礼宾次序,以主人右手边为上,主客双方间隔排列。主要身份者站前排,其余排后面。一般来说,两端均由主方人员把边。如图10-6。

第三排
第二排
(主方人员把边) 9 7 5 3 1 主人 2 4 6 8 10 (主方人员把边)
摄影师位置
图10-6

6. 客人到达时,主人在正门口或会客厅门口迎接。会见结束时,主人应送至车前或门口握别,目送客人离去。

7. 正式的会见和会谈,与会者不应随意走动或进出。工作人员安排就绪后应退出。记者也只在会谈前采访几分钟,然后离场。根据双方协议,会谈后可共同或单独会见记者。

三、签字仪式

组织之间通过谈判,就经济、科技、文化、教育、体育等某一方面的专业领域的合作事务达成相互协议,并需要缔结正式协定或条约时,一般可以举行正式的签字仪式。签字仪式的安排如下:

首先,应做好签字文本的准备工作。包括定稿、翻译、校对、印刷、装钉、盖火漆印。同时要准备好签字用的文具、代表双方组织的旗帜或标志牌。

其次,安排出席签字仪式的人员。双方要事先商定好签字人,其人选要视文件的性质来确定,可由最高负责人签,也可由具体部门负责人签,但双方签字人的身份应该对等。事先还要安排好助签人员,并洽谈好签字的有关细节。其他出席签字仪式的,基本上是双方参加会谈的全体人员,人数最好大体相等。为了表示重视,可以邀请更高一层的领导人出席签字仪式。

再次,准备好签字场地设施。一般在签字厅内设置长条桌一张,桌面覆盖深绿色台呢布,桌后放置两张椅子作为双方签字人座位,主左客右。座前摆上各自保存的那一份文本,上端分别放置签字文具。签字桌中间摆一旗架,悬挂签字双方的旗帜。(见图10-7)。

最后,进入签字程序。双方出席签字仪式的人员一同进入签字厅。签字人员就座时,其他人员分主客两方、按身份顺序排列于各自签字人的座位后面。双方的助签人员分别站立在各自签字人的外侧,协助翻揭文本、指明签字处。签字人首先在各自保存的文本上签字,然后由助签人员互相传递文本,再在对方保存的文本上签字,最后由双方签字人起立

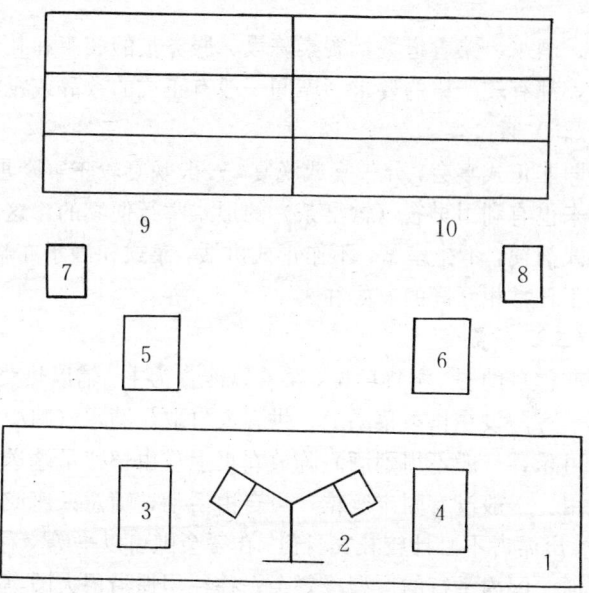

1. 签字桌　　　　　　　　2. 双方的旗帜
3. 客方保存的文本　　　　4. 主方保存的文本
5. 客方签字人座位　　　　6. 主方签字人座位
7. 客方助签人位置　　　　8. 主方助签人位置
9. 客方参加签字仪式人员　10. 主方参加签字仪式人员

图 10-7

互相交换文本,并相互握手。签字后,可由工作人员送上香槟酒,共同举杯庆贺。

四、宴请形式

为表示欢迎、答谢、祝贺,为融洽气氛,联络感情,公共关系也需运用各种宴请形式。常用的宴请形式有:

(一) 正式宴会

有固定的规格和程序,宾主均按身份排位就座。对服饰、餐具、酒水、菜肴道数、餐桌陈设、服务员的装束和礼仪等方面,都有较严格的要求。席间一般有正式的致辞或祝酒。

(二) 便　宴

即非正式宴会,分午宴或晚宴,一般晚宴较午宴隆重些。近年来也有利用早餐(饮早茶)的形式举行便宴的。这类宴会形式简便,不排座席,不作正式讲话,菜式和酒水亦略简,适用于日常相互间的友好往来。

(三) 冷餐会

亦称自助餐。不排席位,菜肴以冷食为主,辅以热菜,和餐具一齐陈设在长条菜桌上,供客人自取。酒水(啤酒、果汁、可乐,一般不用烈酒)陈放在桌上或由招待员端送,自由饮用。一般没有固定座位,可自由活动,随意入座或站立进餐。出席者不必计较礼宾身份,在餐会上可以平等交往,自由沟通。国内举行的大型冷餐会,往往习惯沿用大圆桌,设座椅若干,主宾席仍排席位,其余大多数席位不固定座位,可自由活动,自由取食。冷餐招待会的规格可高可低,举办时间一般在中午12时至下午2时,下午5时至7时左右。适用于正式宴请人数众多的宾客。

(四) 酒　会

又称鸡尾酒会。形式较轻松活泼,便于广泛接触交谈。招待品以酒水为主,通常酒类品种较多,并配以各种果汁,向客人提供不同酒水配合调制的混合饮料(即鸡尾酒)。不用或少用烈性酒。略备小吃,如三明治、面包卷、小香肠、炸春卷等,以牙签取食。酒水和食品由招待员用托盘端送,或置放在固定的桌上。酒会一般不设座椅,仅置小桌或茶几,以便客人随意走动。酒会举行的时间较灵活,上午、中午、下午、晚上均可,时间一般延续两三小时。请柬上往往注明整个酒会活动延续的具体时间,在这段时间内客人可随意到达或退席,来去自由,不受约束。由于客人有来有走,因此酒会可招待、接纳较多的客人。一些大型酒会亦可邀请乐队或播放轻音乐舞曲,在场地允许的情况下让客人们跳交谊舞。总之,酒会是一种大型的、气氛很轻松、和谐的现代社交形式。

(五)茶　会

是一种简便的招待形式。以茶或咖啡招待客人,略备点心或风味小吃,不必使用餐厅、餐具,不排座席。时间一般在上午10时,下午4时举行。

(六)工作进餐

分为工作早餐、工作午餐、工作晚餐。利用进餐时间,边吃边谈工作,讨论问题,交换意见。双边工作进餐可利用长桌排席位,以便于对等交谈。宴请的菜肴、程序从简,甚至采用快餐形式或由参加者各自付费。这是现代国际交往中经常采用的一种非正式宴请形式。

目前,无论是国际上或国内,礼宾工作都在简化。宴请的范围趋向缩小,形式更为简便,更注重实际效率和效果。如用酒会、冷餐会代替宴会,以早餐代替午宴和晚宴等。

(七)宴请席位安排

正式宴会一般均需排席位,也可以只排部分客人的席位,其他人只排桌次或自由入座。(各种席位排法及宴会桌次布置见第196至200页的图10-8至10-16)。

按国际上的习惯,桌次高低以离主桌位置远近而定,右高左低。桌数较多时要摆桌次牌。

席位高低以离主人的座位远近而定,同时也遵循右高左低的习惯。排席位的主要依据是礼宾次序。因此在排席位前,要按礼宾次序开列主、客双方的名单。当然,也要考虑特殊因素灵活处理。如遇主宾身份高于主人,为表示对他的尊重,可以把主宾摆在主人的位置上,主人则坐在主宾位置上,第二主人坐在主宾的左侧(当然也可以按常规排列)。

男女宾的安排,按外国习惯是掺插安排。我国习惯按各人职务、身份排列,以便于谈话。如果夫人出席,通常与宴会女主人排在一起。如:男主宾坐在男主人右上方,其夫人坐在女主人右上方。如果宴会主人的夫人不出席,可请其他身份相当的妇女作第二主人。亦可以把主宾夫妇安排在主人的左右两侧。

席位安排还要适当照顾各种实际情况,如:身份大体相当、专业相同、语言相同,可以排在一起;意见分歧、关系紧张者,应避免排在一起等等。席位排好后,应该用座位卡在席上标明。桌次可在请柬上注明,或入席前通知。大型宴会最好有人引导,以免混乱。

以下是几种常见的席位排法:

例一:

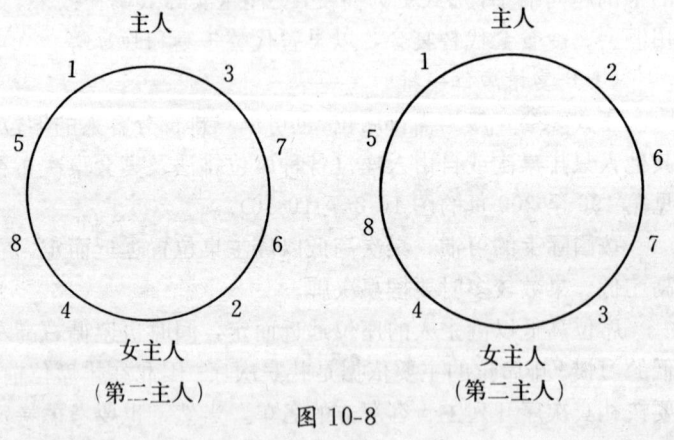

图 10-8

例二：

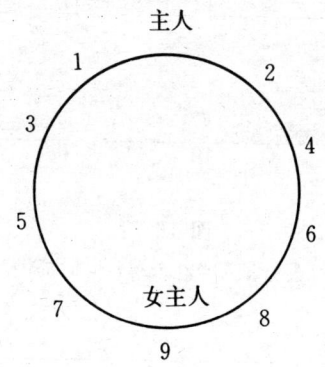

图 10-9

例三：

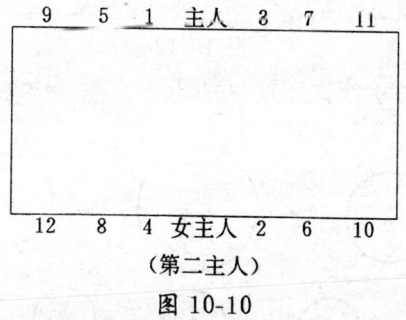

（第二主人）

图 10-10

注：这种排法谈话集中，但一般不能把客人排在末端，应由陪同人员坐在末端。

例四：

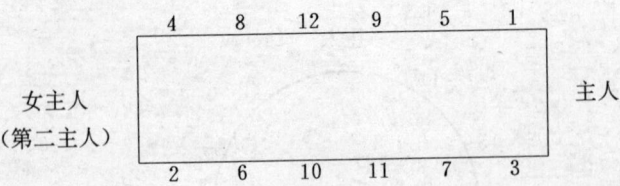

图 10-11

注：这种排法可避免客人坐在末端，同时提供两个谈话中心。

例五：

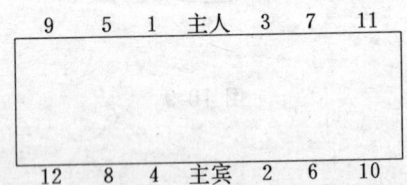

图 10-12

下面是宴会桌次布置参考图：

例一：

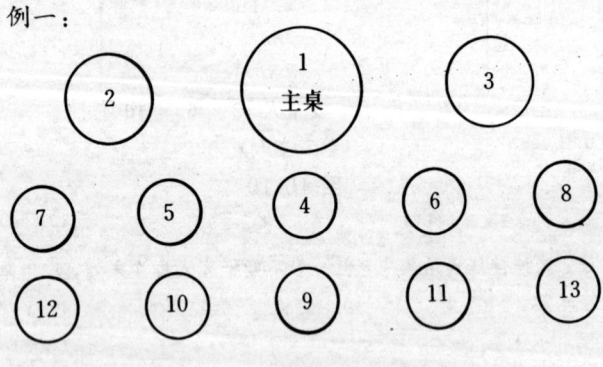

图 10-13

例二：

图 10-14

例三：

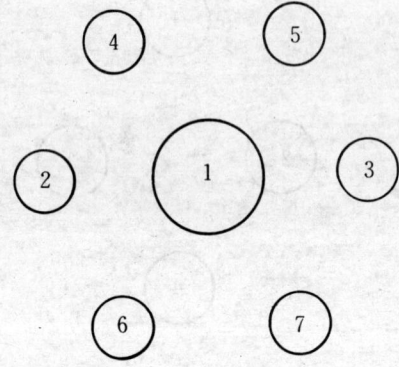

图 10-15

例四：

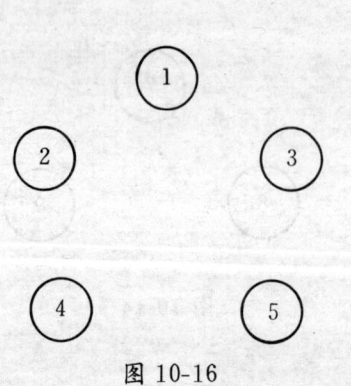

图 10-16

五、其他社交形式

日常公共关系所运用到的社交形式是多种多样的。如：

（一）电话与信函的联络沟通（略）

（二）礼仪电报

礼仪电报是近年来国内开创的一项特别电报业务。它是利用电报传递信息迅速的特点，进行远距离的社交活动：传递友谊，沟通感情。其形式包括：

1. 庆贺电报：根据庆贺的内容选择相应的祝贺卡，如开业庆典、会议召开、发明创造，或朋友结婚、生日等，填写好电文后，拍发给对方表示祝贺。对方将收到一份贴有电文的精美贺卡。

2. 吊唁电报：为对逝者表示悼念缅怀，可选择素雅庄重的吊唁卡，连同电文一齐拍发给对方。

3. 礼品电报：可供选择的礼品形式有"礼金"（3 000元以下的快速汇款，对方收到贺电同时收到一份礼金）；"礼券"（对方凭收到的礼券到指定的商场选购礼品）；"鲜花"（对方与电文同时接收到一束鲜花）；"蛋糕"（有数款不同价格的蛋糕可选择）；还有"吊唁花圈"等。

（三）沙　龙

"沙龙"是法语"客厅"的译音，后成为"社交集会"的代名词。"社交沙龙"没有任何具体的题目或活动程序，主要为参加者提供一个互相认识、互相交流、建立联系、沟通感情的机会。"专题沙龙"是对某一专题或领域有共同兴趣的人士的一种自由聚会，如文学沙龙、音乐沙龙、新闻沙龙等，大家围绕某一个主题自由发言，相互讨论，各抒己见。

(四) 晚会和舞会 (略)

第二节 若干社交礼节

礼节是礼貌、修养、品德和风度的具体表现形式。其核心是尊重和友善，即社交活动中对他人表示敬重和友好的言行规范。人们在长期的社交活动中，逐渐形成了一些公认和惯用的交往规则，构成了礼节的具体内容。下面介绍若干日常交往中常见的礼节。

一、见面时的礼节

(一) 介 绍

了解是沟通的开始。介绍是社交场合中相互了解的基本方式。包括居中为他人作介绍，以及相互之间的自我介绍。

为他人作介绍时，有一个基本原则，即应该受到特别尊重的一方有了解的优先权。因此，为他人介绍的先后顺序应当是：先向身份高者介绍身份低者，先向年长者介绍年幼者，先向女士介绍男士等；即在口头表达时，先称呼身份高者、年长者和女士等，再将被介绍者介绍出来。当双方地位、年龄相当，又是同性时，可以先向先在场者介绍后到者。

介绍时，除女士和年长者外，一般应起立。在宴会桌、会谈桌上则不必起立，被介绍者只要微笑点头致意，互递名片。介绍时，应有礼貌地以手示意，不能伸出手指来指点。为他人介绍时，还可以说明被介绍者与自己的关系，便于新结识的人相互了解与信任。

自我介绍时，须先向对方点头致意，得到回应后再向对方介绍自己的姓名、身份和单位，同时递上事先准备好的名片。递、接名片时最好用双手；或右手递，左手接。名片的正面应向着对方。接过对方的名片后应点头致谢，不要立即收起来，也不应随意玩弄和摆放，而是认真读一遍，最好将对方的姓氏与主要职称、身份轻声读出来，以示敬重。

双方事先约好的面谈，或介绍人已经为双方作过介绍时，不一定忙着交换名片。可在交谈结束、临别之时再取出名片给对方，以加深印象，并表示保持联络的诚意。

顺便提一下，第一次见面后，应在名片背面记下会面认识的时间、地点、内容等资料。最好能简单记下对方的特征（如籍贯、毕业的学校、特殊爱好等）。这样积累起来的名片就成为自己的社交档案，为再次会面或联络提供线索和话题。

(二) 握　手

握手是在社交场合中，相互见面和离别时，以及在相互介绍时表示热情、礼貌、致意的常见礼节。一般是先打招呼或点头示意，然后相互握手，寒喧致意。关系亲密的边握手边问候，时间可长一些。初次见面的，则应听完介绍之后轻轻相握，握一下即可。年轻者对年长者，身份低者对身份高者应稍稍欠身，以双手握住对方的手，以示尊敬。男子与妇女握手时，微笑致意或问好；不要看着第三者握手。对方如伸出手来，不要拒绝，以免尴尬。握手的先后顺序是：应由主人、年长者、身份高者、妇女先伸手；客人、年轻者、身份低者见面时先问候，待对方伸手再握。多人同时握手时，注意不要交叉，待别人握完再伸手。男子在握手前，应先脱下手套、摘下帽子。军人戴军帽与对方握手前，应先行举手礼。

握手除了是见面的一种礼节外，还是一种祝贺、感谢或相互鼓励的表示。

在西方，人们之间见面时常使用拥抱的礼节。在正式的场合和仪式中,礼节性的拥抱一般是两人相对而立,上身稍前倾,右臂偏上,左臂偏下,右手扶在对方左后肩,左手扶在对方右后腰,按各自的方位,两人头部及上身都向左相互拥抱,然后头部及上身向右拥抱,再次向左拥抱后,礼毕。而亲人、熟人之间的拥抱则没有如此固定的规范,可以更热情友好一些。夫妻之间是拥抱亲吻,父母与子女之间是亲脸、亲额头,兄弟姐妹平辈的亲友是贴面颊。在公共场合,关系亲近的妇女之间是亲脸;男子之间是抱肩拥抱;男女之间是贴面颊;晚辈对长辈亲额头;男子对尊贵的女宾则可以亲一下手背或手指,以示尊敬。

不同的国家和民族还有一些传统的见面礼节。如东南亚佛教国家是双手合十致意;日本人是行鞠躬礼;中国旧时传统是抱拳等等。这些礼节在一定场合也可以使用。

(三)致 意

在社交场合遇到相识的人,远距离时一般举右手打招呼并点头致意,近距离时可上前握手致意。在西方,男子戴礼帽时,可施脱帽礼,手将帽子掀起一下并点头。与相识者在同一场合多次见面,只点头即可。对一面之交者或不相识者,在社交场合均可点头或微笑致意。遇见身份高的人,应有礼貌地点头致意或表示欢迎,不要主动上前握手问候,只是在身份高者主动伸手时,才向前握手问候。

二、交谈时的礼节

(一)声音与姿态

在正式的社交场合,即使是熟人,谈话的声音亦不宜过高,以免妨碍他人,引人反感侧目。

谈话时与对方之间的距离要适当。距离较近时,避免正面相对，以防唾沫相溅。

谈话时手势的动作不要过大，特别是不要伸出手指对人指点。

交谈时，无论是坐是站，身体不要太拘谨，但也不能太放松，显得懒散松垮，对人不庄重。

聆听他人谈话时，眼睛应该有礼貌地注视对方，并适当地点点头，以示对说话者的尊重和鼓励。不要轻易地打断对方的发言；也不要随便插入别人的个别谈话之中。

(二) 话 题

在公众社交场合，应选择大家都可介入、都方便发表意见的话题，如现场气氛、环境布置、天气、当日新闻等；不要只谈个别人知道的事而冷落了其他人。

不要涉及令人不愉快的内容，如疾病、死亡、荒诞、淫秽等。一般不宜用批评的语气谈论在场者或其他相关人士。也不要讥笑他人。

话题不要涉及他人的隐私。如对女士不问年龄、婚否、衣饰价格等；不用身体壮、保养好等涉及身材方面的模糊用语。对男士不问钱财、收入、履历等。不随便议论他人的宗教信仰和政治信仰，以免犯忌。

遇到不便谈论的话题，不轻易表态，应适当转移话题以缓和气氛。涉及对方反感的问题应及时表示歉意。

男士一般不参与女士圈内的议论。与女士谈话要宽容、谦让、尊重，不随便开玩笑。

(三) 礼貌用语

交谈时应注意使用礼貌用语，如：您好，请，谢谢，对不起，没关系，打搅了，再见等。对西方人不说"吃饭没有？"、"到哪儿去？"，这被认为是个人的私事，不宜过问。

三、出席宴请的礼节

(一) 应 邀

接到宴会邀请,应尽早答复对方,以便主人安排。对注有 R. S. V. P.(请答复)字样的请柬,无论出席与否均应迅速答复。对注有"Regrets only"(不能出席请复)字样的,则不能出席时才复。经口头约妥再发来的请柬,上面一般注有"To remind"(备忘)字样,只起提醒作用,可不必答复。答复对方,可打电话或复以便函。

接到请柬后,应立即核实宴请的主人、时间、地点、对服饰的要求(国外许多正式宴会在请柬上注明对客人服饰的要求)、是否邀请了配偶等等。接受邀请后不要随意改动。不能出席,应尽早向主人解释、道歉。

(二) 出 席

按时出席宴请是礼貌的表示。身份高者可略晚到达。一般客人可按规定时间提前二分钟,或延后五分钟内到达。不可提前太多,也不要迟到太多。出席鸡尾酒会的时间略灵活。迟到、早退、逗留时间过短,都被视为失礼或有意冷落。一般应在主宾退席后陆续告辞。如确实有事需提前退席,应向主人说明后悄悄离去。

到达宴请地点后,应主动前往主人迎宾处,向主人问好。按西方习惯,可向主人赠送花束。

进入宴会厅之前,先了解自己的桌次和座位。如邻座是年长者或妇女,应主动为其拉开椅子,协助他们先坐下。邻座如不相识,可先作自我介绍。应热情有礼地与同桌的人交谈,保持平衡,不应只同熟人或一两个人说话。

祝酒辞时,一般是主人和主宾先碰杯,然后主人顺钟表方向依次与其他客人碰杯,以及客人之间相互碰杯。人多时也可以同时举杯示意,不一定碰杯。碰杯时应目视对方致意,并说祝愿的话语。身份低或年轻者与身份高及年长者碰杯时,应稍欠身点头。杯沿比对方杯沿略低则表示尊敬。在主人和主宾致祝酒辞时,应暂停进餐,停止交谈,注意倾听,不应借此机会抽烟。正式宴会的致辞可安排在热菜之后、甜食之前,先由主人讲话,接着由客人讲话。也可以一入席即先讲话、祝酒,然后开始进餐。

应待主人招呼后,才开始进餐。进餐时要文雅,应闭嘴咀嚼,不发出声响。食物太热时,待稍凉后再吃,切勿用嘴吹。鱼刺、骨头、菜渣不要直接外吐,可用餐巾掩嘴,用手或筷子取出,或轻吐在叉上,放在盘内,勿置桌上。正式宴会上,每道菜往往先由招待员分菜,如遇自己不能吃或不爱吃的菜肴,亦不必拒绝,取少量放在盘内,表示"谢谢,够了"。剔牙时,用手或餐巾遮口。

吃西餐时须注意刀叉的使用:右手持刀,左手持叉,将盘子内的食物切成小块,然后用叉送入嘴内。欧洲人使用时不换手,即从切割到送食均以左手持叉。美国人则切割后,把刀放下,换右手持叉送食入口。就餐时按刀叉顺序由外往里取用。每道菜吃完后,将刀叉并拢平排放盘内,以示吃完。如未吃完,则摆成八字或交叉摆,刀口应向内。使用刀叉时尽量不发出大的响声。注意不要挥动着刀叉与别人谈话。喝汤时,用汤匙在汤盘里由内往外舀起送入嘴,即将喝尽时,可将盘向外略托起。

在筵席上,上鸡、龙虾、水果时,有时送上一小水盂(铜盆、瓷碗或水晶玻璃缸),水上飘有玫瑰花瓣或柠檬片,供洗手用,不要误为饮料。洗两手轮流沾湿指头,轻轻涮洗,然后用餐巾擦干。

喝茶或咖啡时,应右手拿杯把,左手端盛杯的小碟。一般吃水果后,宴会即结束。此时,主人应向主宾示意,让其做好离席的准备,然后从座位上起立,这是让全体起立的信号。一般以女主人的行动为准。女主人邀请全体女宾退出宴会厅后,男宾可留下或到休息厅吸烟和饮用烈性酒。正式宴会中,吃饭过程是不吸烟的。宴会后,应有礼貌地向主人握手道谢。通常是男宾先与男主人告别,女宾先与女主人告别,然后交叉,再与其他人告别。除主人特别示意作为纪念品的东西外(如一朵鲜花或宴会菜单等),各种招待用品均不要拿走。

(三) 致 谢

一般参加正式宴会后的二至三天内,客人可致送印有"致谢"(P. R. pour remercier)字样的名片表示感谢,用铅笔在名片的底部书写。名片可寄出或亲自送达。如亲自送达不见主人时,可将名片左上角向下折,然后再回复原样,表示系由本人亲送。也可附感谢信表示感谢。

各种社交活动的礼节还有很多,这里不一一介绍。应注意的一点是,各种交际礼节均因国家、民族的习惯不同而有所差别,并不是千篇一律和固定不变的。应该根据当时当地的具体情况灵活运用,不要让礼节规范成为束缚手脚的绳索。

思 考 题

1. 如何做好接待的工作?
2. 如何安排会见或会谈?
3. 如何组织签字仪式?

4. 冷餐会和鸡尾酒会的特点是什么?
5. 宴席座位安排需注意什么问题?
6. 社交场合相互见面时应注意什么礼节?

第十一章 公共关系实务(四):
综合性的公共关系活动

本章要点:介绍综合运用各种媒介来进行的公共关系活动实务,包括展览会、开放参观日、社会赞助、特别节目、服务活动、危机处理等内容。

第一节 展 览 会

展览会是一种综合运用各种媒介的传播方式,通过现场展示和示范来传递信息,推销形象,是一种常规性的公共关系活动。

一、展览会的传播特点

1. 运用各种媒介复合性的传播方式。展览会综合运用文字说明、图片、宣传品、模型、实物、现场讲解、幻灯、录象、电影、音响效果、环境布局、面对面咨询、模拟或操作表演、参与性的活动、小型研讨会等等形式,给予观众立体性的传播效果。

2. 生动、直观的效果。由于综合了上述多种传播媒介的优点,使得展览传播十分生动、直观;加之展览会本身一般均具有较丰富的知识性、趣味性,有利于吸引各类不同的公众,达到广泛传播的目的。

3. 双向沟通的传播效果。展览会能够有效地利用讲解人员、咨询服务台、洽谈活动、意见簿、征询卡、有奖测验等形式,有效地了解公众的反映、意见,达到双向沟通的效果。

4. 制造新闻热点。展览会作为一种大型公众活动,容易形成舆论热点,成为新闻媒介报道的对象;如果成为电视的专题节目题材,就更加能够吸引公众的注意和兴趣。

二、展览会的类型*

1. 从展览的性质区分,可区分为贸易展览会和专题宣传展览会。贸易展览会以展示产品实物为主,通过实物广告形式来促进商品销售。专题宣传展览则以宣传教育为目的,通过实物、图片、模型、文字资料等形式,向观众宣传某种观念、思想或知识。

2. 从展品种类区分,可区分为单一商品展览和混合商品展览。单一商品展览的参展者是同类型企业,主要是同品种不同品牌的展示。混合商品展览的参展者是不同行业的厂家,同时展出各种不同的商品,能够展示厂家的性质和综合实力。

3. 从展览的规模区分,有大型展览、小型展览和微型展览。大型的综合性展览通常由专业机构主办,参展者通过报名参加。小型展览可由厂家或有关组织自办,主要展示本企业的产品或与本组织有关的主题,如企业的产品陈列室、厂史展览室等。微型展览指橱窗展览、流动车展览等。

4. 以展览场地区分,可分为室内展览和露天展览。大多

---

* 请参阅王晓进等主编:《公共关系实务大全》,北京工业大学出版社出版。

数展览均在室内举办,能够根据展品特点进行设计装修布局,不受天气的影响。但某些展览,如花展、灯会展、汽车展、机械展览等,所占场地较大,通常在露天举办。

5. 以展览期限区分,有长期性展览、周期性展览和一次性展览。长期设置的展览有比较固定和稳定的内容,包括样品陈列、文物展览等。周期性展览是定期举行的,如广州春、秋季交易会。一次性展览则是配合某一主题活动临时设计组织的专题性展览。

三、展览会的组织与实施

1. 制定展览会的主题和计划。每次展览都应有明确的目的和主题,以此决定展览的内容、形式、对象、传播方法等,并形成详尽的计划书。

2. 确定参展者及参展项目,决定展览类型。这是展览会组织工作的重要环节。可运用邀请函、上门洽谈、作广告、发新闻等形式组织参展者及参展项目。要编发有关展览会的资料,让参展者了解展览会的宗旨、内容、规模、时间、地点、条件、费用、参观对象、人数及展览效果的分析预测等。对于重要的展览,组织者还有必要事先审查参展项目。

3. 明确参观者的类型。在展览会的策划阶段,就应该对参观者的性质、层次、范围、数量、需求特点进行分析预测,以决定展览的地点、规模、传播形式、接待规格、收费标准等。

4. 选择展览地点和场地。展览地点需要交通方便,辅助服务设施完整,安全保卫系统有效,展览场地和环境特点与展览主题和内容吻合。

5. 培训工作人员。展览会工作人员的素质和能力直接影响着展览效果。必须对展览会工作人员(讲解员、接待员、服务员等)进行与展览有关的专业知识培训,进行传播沟通能力和礼仪礼貌等方面的公关培训。

6. 成立专门的新闻和接待机构。展览会要有专门机构和人员负责新闻资料的制作、发布;负责广告及一切宣传事务(如宣传海报等);负责接待有关参展者、参观者的来访、咨询、投诉,并处理票务事宜。

7. 准备展览会的辅助设备和相关服务项目。如饮食、医疗、安全保卫、交通、保险等。

8. 准备各种宣传材料。如拍摄幻灯片、录象片;编制小册子、目录表、指南图、海报、宣传单张、卡片;准备横额、彩旗、汽球、广告牌等。

9. 设计制作展览徽记,以及相关的纪念品、入门券、工作人员的胸卡等。

10. 设计布展。根据展览主题构思展览整体结构,拟定展览大纲,画出展览平面图和设计要点,撰写布展脚本(包括文案、设计图、解说词),统筹美术、摄影、装修进行展厅布置,对文字图片进行制作和编辑,实物展品进场后进行必要的整修,并加强安全保卫工作。

11. 策划与组织开幕仪式。许多大型展览会需要安排专门的开幕剪彩仪式。需事先确定剪彩嘉宾,安排好开幕式的余庆活动、新闻采访等。

12. 制定展览会的经费预算。包括场地租金、设计装修费用、水电费、宣传广告费、运输费、保险费、有关设备费用、交际费、劳务费等。

13. 展览效果测定。可以运用咨询台、意见簿、小型座谈、电话访问、问卷调查、有奖测验、新闻分析等方法,了解展览效果。如果是贸易性展览,可以从贸易成交额或订货量来分析展览会的效果。

另外,展览会作为一种大型活动,涉及各有关方面的关系,如政府主管部门、公安和交通部门等。对这些关系要注意及时沟通、协调。

第二节　开放参观日

举办开放参观日活动是一种特殊的"组织公开展览活动"和"组织广告活动",能够提高组织的社会透明度,增进外界对组织的了解,消除组织与社区之间的隔阂,培养公众对组织的感情,创造良好的社区气氛,树立良好的公众形象。

一、对外开放参观的接待对象

1. 员工家属及社区居民,一般公众。
2. 营业团体:生产协作者,原料供应者,经销商,运输公司等。
3. 股东公众:股东,股票经纪人,金融舆论专家等。
4. 其他专业团体:金融机构,律师协会,新闻界团体,保险公司,卫生检查团,环境保护组织等。
5. 行政机关:各级政府部门,上级主管单位,党政要人。
6. 舆论领袖:专家学者,各界名人,记者等。
7. 科技教育文化单位:研究所的研究人员,高等院校的师生,各类智力团体和文化组织。
8. 各种慈善组织和社会福利团体。
9. 海外人士:客商,投资者,观光者等。

二、开放参观的内容

企业开放参观的项目一般包括：企业的展览室，生产设备和工艺流程，厂区环境，员工的教育、培训设施，以及企业的服务、娱乐、福利、卫生等设施。

开放参观的具体内容视参观者的需要和兴趣而定。应努力使参观者留下一个良好的印象。比如，让他们参观后认识到：

△这家企业有优秀的技术、先进的设备、杰出的人才、很高的生产效率、优质的产品或服务，是本地很有实力的企业。

△这家企业处处为顾客着想，将顾客的利益放在首位。

△这家企业很注意安全生产、保护环境。

△这家企业为当地提供了健康、良好的就业机会，为市场提供了急需的商品。

△这家企业的税利是国家、地方财政的重要来源，是当地的一根重要经济支柱。

△这家企业很注意员工的福利，有良好的工作条件。

△这家企业经营得法，公平竞争，信誉良好，等等。

总之，参观者心理上有各种不同的"期待"，开放参观的内容应该注意满足参观者的期待心理。

三、开放参观活动的组织与安排

1. 明确主题。举办开放参观活动最好有一个明确的主题，以便围绕该主题筹备活动的内容，邀请特定的对象，并制定宣传的基调。

2. 安排时间。举办开放参观活动最好配合一些特殊的日子，如周年纪念日、开业庆典、社区节日等。

3. 邀请对象。事先发出请柬,编制来宾名册,落实出席的VIP人士(重要宾客)。

4. 宣传工作。应准备好配合活动使用的宣传品,如纪念册、活动日程及指南、海报和宣传单张、告示牌和标志牌、各种设施和展品的说明书、视听材料、公关礼品等。

5. 接待工作。要有足够的训练有素的接待人员、较完备的服务设施,为来宾提供交通、饮食、休息、娱乐、医疗、咨询等方面的服务。

6. 安排参观活动的范围与路线。避免来访者因超越限定的范围而出现事故或麻烦,注意必要的保密工作。对开放区域应进行必要的装饰。

7. 成立专门机构。除了公共关系部之外,需会同行政、人事、销售等部门,组成筹备委员会,全面负责活动的策划、组织和实施。

第三节 赞助活动

赞助是企业无偿提供资金或物质支持某一项事业,以获得一定的形象传播效益的社会活动。举办赞助活动是企业组织承担社会责任与义务,搞好社会公众关系的一种有效手段。通过赞助活动,企业不仅为社会作出贡献,从而赢得社会的好感,而且使企业与有社会意义的事业的发展同步成名,反过来促进企业的发展。

一、举办赞助活动的目的

1. 承担必要的社会责任。企业除了追求经济效益之外,还要重视社会效益,承担必要的非经济性的社会责任。通过为某项有社会意义和社会影响的事业提供赞助,能有效地体现企业的社会责任感。

2. 树立良好的企业形象。通过支持社会公益事业来有效地树立企业良好的公众形象,是现代企业公共关系的一种常规性的做法。特别是有些企业其产品并不直接为消费者所需要和使用,有必要通过赞助活动来争取良好的公众形象。

3. 培养公众感情。赞助活动使公众直接受惠,能够比较有效地建立和培养企业与有关组织和公众的良好感情。

4. 配合广告宣传。企业的广告宣传若能以赞助活动加以配合,将能发挥更好的传播效果。

二、赞助活动的类型

1. 赞助体育运动。这是企业赞助活动最常见的一种形式。因为除了战争以外,公众影响面最大、公众投入感最强的就是体育运动了。特别是像奥运会和世界足球锦标赛一类的大型体育比赛,涉及的公众达 10 多亿人。因此厂家争先恐后地赞助这些体育活动,以扩大自身的社会影响力。

2. 赞助文化事业。如音乐会、演唱会、文艺演出晚会等,也能够有效地吸引公众的注意力,提高知名度。

3. 赞助科学教育事业。如设立某项培养和奖励专门人才的奖学金、基金,或直接赞助某项科研项目和学科建设,也开始成为企业赞助活动的热点。

4. 赞助社会慈善和福利事业。如残疾人士的社会救济,重大自然灾害的救灾活动,对孤寡老人的援助,对社区公益福利事业的捐赠等。这类表达企业同情心的活动,一般都能唤起公众对企业的好感。

5. 赞助地方性的节日活动。如各种具有地方色彩的节日活动:自贡的灯节,潍坊的风筝节,广东的龙舟节,哈尔滨的冰雪节,云南的泼水节,深圳的荔枝节,海南的椰子节,洛阳的牡丹节,安徽的豆腐节等等,通过赞助这些特色性节日,扩大企业的影响。

6. 赞助大型展览。各种博览会、专题性展览会、交易会等,亦是赞助的目标之一,能够比较有针对性地影响部分目标公众。

7. 赞助出版物。赞助有影响的出版物,是一种广告形式。

8. 赞助专业团体。通过赞助某类专业协会、学会等社团组织的活动,一方面扶持其发展,另一方面增加对该专业领域的影响。

9. 赞助特殊领域。建立基金组织,专门支持某一特殊领域,如保护文化古迹和文化遗产;或设立专业奖项,如最佳摄影奖、新闻奖、设计奖等。

10. 赞助环保事业。这是国际公关事业关注的热点,每年均投入大量资源去宣传环境保护。

三、实行赞助的原则

1. 社会效益原则。要认真研究赞助对象和项目的社会意义与社会影响,分析赞助的社会效果。所赞助的对象必须有可靠及良好的社会背景和社会信誉,所赞助的项目必须有积极的社会意义和广泛的社会影响。

2. 传播效果原则。赞助是一种直接提供金钱或物质来进行的传播活动,因此必须讲究传播效果。所赞助的项目应该有利于扩大本组织的知名度和美誉度,如服装厂赞助文艺演出的服装,鞋厂赞助球队的球鞋,饮料厂赞助运动会的饮料,机械厂赞助某项科技项目等等,都能有效地扩大企业及其产品的社会影响力。同时要分析公众及新闻界对有关赞助项目的关注程度;明确对于赞助所给予的传播补偿方式和条件,如现场广告牌的位置是否显著、电视报导的时间及次数、报纸见报的版面篇幅及数量等等。

3. 经济适当原则。参与赞助活动必须考虑所赞助项目的费用是否合理、适当,本组织能否承受。需要根据本企业的实际情况量力而行。

4. 条例管理原则。凡是准备为社会提供赞助的企业,都应该制定赞助条例,公诸于众,对于一切赞助申请均按条例办理。既要努力争取有意义、有影响的赞助项目又要坚持原则,杜绝人情赞助、人情广告的现象,使企业组织的社会赞助活动规范化、科学化。

四、实施赞助活动的程序

(一) 前期研究

企业参与赞助活动有主动和被动两种形式。前者即主动选择和争取有利于本企业发展的对象与项目进行赞助,一般都是较为热门、竞争较为激烈的项目,如重大的体育竞赛。被动式则是在接到赞助要求以后,经过研究后再作出适当的决策。作出赞助决定之前的可行性研究,是赞助管理的关键环节。

1. 研究本企业的经营目标与公关政策,是否需要通过某项赞助活动来传播形象和产品。

2. 研究赞助对象的社会背景及社会信誉。

3. 研究赞助项目内容的可行性,根据企业的现实情况提出调整建议。

4. 分析赞助成本及预测赞助的效益,包括经济效益和社会效益。

5. 了解赞助活动的条件,包括传播补偿的标准与方法。

6. 提交可行性报告给董事会或最高管理层审议通过。

(二)制定计划

根据董事会或最高管理当局的决策意见,制定具体、详尽的赞助计划。计划书必须紧扣活动主题,明确界定企业的角色,控制实施的范围和形式,确定经费预算,制定赞助实施的具体步骤。并与接受赞助一方签订合约。

(三)具体实施

企业参与赞助活动的整个过程必须指定专人负责,从可行性研究到测定效果跟踪到底。被赞助的项目本身主要由接受赞助方来实行,提供赞助的企业只需从旁协助。但对于合约中规定的项目内容的落实、传播补偿条件的兑现、赞助资金的合理使用等,提供赞助的企业有必要严格监督。大笔的赞助款项需要分步到位,按实施效果分阶段提供,从经济上约束项目实施者,保证项目的质量。

(四)测定效果

赞助活动完成以后,应对其效果进行调查、评定。对原定目标和计划的实现状况及具体原因进行总结,对赞助活动的经济效益和社会效益进行客观的评价分析,为日后的赞助研究提供参考。

第四节 特别节目

公共关系的特别节目是通过专门的策划、设计和组织的主题性传播活动,形式生动,气氛热烈,能够比较有效地吸引公众、影响舆论、创造声势、树立形象。

一、特别节目的题材与形式

（一）典礼仪式

常见的典礼仪式如奠基典礼（动土礼）、开幕典礼、落成典礼、通车典礼、就职典礼、毕业典礼等。举行较为隆重的典礼仪式，需要事前做好大量的准备工作，包括：

1. 根据需要和预算决定典礼的规模，制定程序。
2. 选择日子。
3. 邀请嘉宾；包括确定剪彩人选。
4. 邀请记者，可提前召开记者会。
5. 准备新闻稿和宣传资料，演讲词。
6. 筹备典礼的用品，如动土仪式的奠基石，剪彩仪式的红绸花带及剪刀等用具；还有嘉宾佩戴的胸花、标签；以及必要的公关礼品。
7. 筹备助庆节目，如参观活动、醒狮活动、舞会、酒会等。
8. 训练接待人员，安排各项接待事宜。
9. 布置现场，如横幅、彩旗、汽球、宣传画、签到处、观礼台、音响设备等。
10. 安排交通。
11. 事先的广告宣传。
12. 安排摄影或录象。

（二）周年志庆

各种有意义的周年纪念日，也是举办公关活动的时机。比如组织机构的逢十周年庆典，某一特殊人物或特殊事件的周年纪念，举行专题的庆祝活动和纪念活动。基本工作包括：

1. 根据需要和可能的条件确定纪念活动的形式、规模、经费等，制定详尽的计划。

2. 成立专门的筹备组负责执行。
3. 编制纪念刊物或宣传材料。
4. 撰写纪念讲话稿;组织发言材料。
5. 邀请嘉宾、记者。
6. 准备公关礼品。
7. 筹备庆祝节目或舞会、冷餐会等。
8. 选择场地,布置现场气氛。
9. 训练礼宾人员。
10. 配合广告宣传。

除了典礼仪式和周年志庆两类比较常见的特别节目以外,还有其他形式多样的专题节目的策划,简单列举如下:

(三)专题节目

利用或策划具有特殊文化色彩或特殊社会意义的专题节目活动,吸引广大公众,实现社会沟通。如冰雪节,荔枝节,泼水节,风筝节,花会,灯会,庙会,母亲节,老人节,情人节,旅游节,环保节等等。

(四)嘉年华会

以盛会的形式突出某一主题,吸引与这一主题相关的人士欢聚一堂。如同乡会、同学会举办的联谊盛会,职工生日晚会,消费者联欢会,大龄青年联欢会,军民共建联欢会,双胞胎大联欢等等。

(五)专题竞赛

以某企业或某名牌命名的比赛活动,如体育比赛、歌唱比赛、摄影比赛、征文比赛、演讲比赛、绘画比赛、智力竞赛等。通过资助或提供奖品,主办或协办这类活动,往往能吸引许多公众踊跃参与。

（六）学术研讨会

通过承办国际性、地区性或全国性的专题学术研讨会,与某专业领域的专家、名流建立良好的关系。

（七）公益、慈善活动

比如赈灾活动,为残疾人士募捐的演唱会,公益金长跑活动等。这也是比较常见的公关策划。

（八）专题公众咨询

如法律知识咨询,计划生育咨询,消防安全咨询,公用事业咨询等。

总之,特别节目的题材广泛多样,一般都以公众喜闻乐见、踊跃参与的形式来进行。但只有题材独特、形式新颖的策划才可能在传播上收到好的效果。所以,策划和创意是特别节目成功的关键。

二、筹划特别节目的注意事项

1. 明确目的,制定周密的计划。不是为热闹而办活动,而是有目的地密切组织与公众之间的友好关系,扩大组织的社会影响。围绕此宗旨去策划活动。

2. 设计一个醒目的标题或口号。公关专题活动应根据主题设计一个令人耳目一新的标题或口号,以利于传播。

3. 组织精明能干的工作班子,以保证活动的成功。

4. 提出活动预算,筹措必需的经费。

5. 根据场地、交通、气象、设备等条件,确定活动的时间、地点、规模等。注意不要与重大的公众节日或假期相冲突。

6. 制定传播计划。事先联系好新闻界,为记者采访和报导提供一切便利条件。

第五节 社会服务

以创造组织无形财富为职责的公共关系不要忽略了服务,因为良好的服务行为是一种树立信誉的最佳手段。公众不仅听其言,而且观其行。行动本身是最响亮的语言。一个组织只有言行一致,为公众提供良好的服务,才可能真正赢得公众的心。

服务的过程也是一种综合运用各种媒介和活动方式与公众沟通的过程。不同的组织为公众提供的服务是各不相同的。以企业为例,在市场营销活动中,为消费者提供系列性的完善服务就具有很强的公关性质。主要内容包括:

一、消费教育和引导

企业为了引导消费,针对消费者的需要,免费提供消费教育、消费培训、消费咨询等服务。这种服务贯穿于消费者购买前的教育引导,购买中的说明、示范和辅导,购买后的培训、咨询等全过程中。消费教育的形式包括:

1. 为消费者编辑、发行指导性手册和刊物等宣传资料;
2. 举办操作表演和实物展览,帮助消费者认识和熟悉新产品的性能、功能和技术;
3. 举办培训班,培训商店销售人员以及消费者有关使用和保养、维修产品的知识、技术;
4. 开设陈列室、咨询台、热线电话等回答消费者的问题;
5. 向报纸、杂志、电台和电视台提供有关新产品的资料;
6. 制作录象带作为操作示范和辅导的手段。
7. 举行研讨会,交流使用新产品经验心得。

总之,为消费者提供各种具体的介绍、示范、指导、咨询、培训等服务项目。企业通过这种服务,能够有效地培养消费者对企业及其产品的信心和好感,甚至吸引消费者主动参与新产品的市场开发活动。如进行新产品的试用,请消费领袖和广大顾客参与优质产品的评比活动,以及近些年来兴起的直销和传销活动,都是以消费教育引导为前提的。

二、销售服务

从公共关系的角度看,良好的销售服务能够为优质产品增添无形价值,是培养顾客信心的重要环节。

1. 售中服务。除了各个环节密切配合、始终如一的服务措施、热情礼貌的服务态度外,还包括服务员、售货员良好的个人仪表、精神状态(如淡妆迎客、统一服装等),以及良好的购物环境和气氛(如灯光的明暗,装修的色彩,商品的陈列,橱窗的布置,柔和的音乐等)。

2. 售后服务。各种质量保证措施,维修服务,代客安装服务,送货上门,三包服务,跟踪随访等。除了常规的售后服务以外,为扩大企业影响及方便消费者,还可适当举办大型的义务维修服务日或大型的信息咨询活动(不仅为本企业的顾客服务,亦为使用其他牌子的同类产品的顾客服务)。

三、消费者的系列化

消费者的系列化亦称为消费者的组织化,即通过消费教育、消费引导和完善的销售服务,培养对本企业的拥护者、爱戴者,培养本企业稳定的顾客队伍和稳定的市场关系。如组织消费者俱乐部,创办消费者联谊会等。消费者系列化程度的标准一般是"商标指名率"(顾客购买某类产品时指明商标购买的比率)和"商标统一率"(顾客在购买商品时对某一商标偏爱的百分比,如"凡家用电器非××牌不可"等)。系列化程度高,说明企业及其产品的形象好。

通过消费调查把握消费动向,有针对性地进行消费教育和消费引导,完善消费服务,组织消费,创造消费,这一系列实践活动称作消费管理。由于它比生产经营等更重视人际关系,是为企业争取人心、树立信誉的重要环节,所以属于公共关系服务的范畴。

第六节 危机处理

当发生突发事件或重大事故的时候,组织的公共关系便处于危机状态之中,面临强大的公众舆论压力和危机四伏的社会关系环境。危机事件的处理,往往需要动员整个组织的力量及综合运用各种传播媒介,使之成为一种复杂的、特殊的公关专案行动。

一、对事件的调查与判断

重大事件发生后,首先应该运用有效的调查手段,迅速查明情况,判断事件的性质、现状、后果及影响,为制定应对政策及应急措施提供依据。

1. 查明事件的性质与状况:事件的种类,如飞机失事、火车脱轨、轮船沉没等交通事故;严重的泄毒污染、火灾、食物中毒等生产、经营事故;以及自然灾害造成的生命财产损害事故等。事件发生的时间、地点、原因;已经得到控制还是仍在发展等基本情况。

2. 查明事件的后果和影响:如人员的伤亡人数及严重程

度,设施的损失状况及价值,及其他受破坏的程度和范围。这些后果已经和将会造成的社会影响。

3. 查明事件牵涉的公众对象:直接、间接受害的公众对象;与事件本身有直接、间接责任或利害关系的组织或个人;与事件处理有关的机构;以及新闻舆论界人士等等。要特别注意与事件的见证人保持联系,并谨慎处理好新闻界关系。

二、处理事件的宗旨和基本方针

危机事件一般都出乎预料之外,舆论影响较大,时间比较紧急,处理起来比较棘手。作为组织机构的公关部门,在处理危机事件中往往处在第一线,其决策和行动的基本方针是:

1. 保持镇定,判明情况。
2. 最大限度地平衡组织与公众的利益。
3. 真实报导,争取主动。
4. 积极善后,稳定各方,控制局势,平息风波,挽回影响。

总之,处理危机事件的公关宗旨是"真实传播,挽回影响"。当事件发生后,与该事件有关的人们出于趋利避害的本能,强烈要求了解事件的状况及与自身的关系,如果缺乏可靠的信息,则往往作出最坏的设想来作为自己行动的根据。只有真实、准确的传播,才能获取公众的信任,争取公众的谅解与配合。只有把握舆论的主动权,才可能变不利因素为有利因素,尽快恢复组织机构的社会声誉。

三、处理危机事件的基本对策

应根据不同的公众对象分别采取不同的对策。

(一)企业内部对策

1. 迅速成立处理事件的专门机构。由本组织一名主要负责人任机构领导,公关部汇同各有关职能部门人员组成有权威性、有效率的工作班子。

2. 判明情况,制定对策,通告全体人员,以统一口径,协同行动。

3. 如属内部事件,立即通知伤亡者的亲属,采取有力措施进行救护或善后,安抚有关各方人员。

4. 如属外部事件,立即组织队伍参与抢救、维持或应急服务工作。

5. 奖励处理事件的有功人员;处罚事件的责任者。并通告有关各方。

(二) 受害者对策

1. 认真了解受害者的情况,实事求是地承担责任,并诚恳地道歉。

2. 冷静地听取被害者的意见,了解和确认有关赔偿损失的要求。

3. 避免在事故现场与受害者发生争辩,即使受害者有一定责任,也不要在现场追究。

4. 给受害者以安慰和同情,并尽可能提供其所需的服务,尽最大努力作好善后处理工作。

5. 向受害者及其家属公布补偿方法及标准,并尽快实施。

6. 专人负责与被害者接触,在事件处理过程中不随意更换负责处理工作的人员。

(三) 新闻界对策

1. 应统一对新闻传播界的口径,注意措辞,尽可能以最有利于组织机构的形式来公布。

2. 成立临时记者接待机构,专人负责发布消息,集中处理与事件有关的新闻采访,给记者提供权威的资料。

3. 一方面主动向新闻界提供真实、准确的消息,公开表明组织机构的立场和态度,以减少新闻界的忖测,帮助新闻界作出正确的报导。

4. 另一方面,必须谨慎传播,在事实未完全明了之前,不要对事发的原因、损失以及其他方面的任何可能性进行推测性的报导,不轻易地表示赞成或反对的态度。

5. 对新闻界表示出合作、主动和自信的态度,不可采取隐瞒、搪塞、对抗的态度。对确实不便发表的消息,亦不要简单地"无可奉告",而应说明理由,求得记者的同情与理解。

6. 注意以公众的立场和观点来进行报导,不断提供公众所关心的消息,如补偿方法和善后措施等。

7. 除新闻报导外,可在刊登有关事件消息的报刊上发歉意广告,向公众说明事实真相,并向有关公众表示道歉及承担责任。

8. 当记者发表了不符合事实真相的报导时,可以尽快向该报刊提出更正要求,指明失实的地方,并提供全部与事实有关的资料,派遣重要发言人接受采访,表明立场,要求公平处理。但注意避免产生敌意。

除了上述关系对象以外,还应根据具体情况,分别对政府部门,对与事件有关的交通、公安、市政等机构,对社区、友协单位、消费者等公众采取适当的传播对策,通报情况,回答咨询,巡回解释。调动各方力量,协助本组织尽快渡过危机,使组织形象的损害程度降至最低点。

思 考 题

1. 展览会作为一种传播手段的特点是什么？
2. 如何组织和实施展览会？
3. 为什么要实行开放参观？如何组织和安排好开放参观活动？
4. 进行赞助活动的目的是什么？实行赞助要注意什么原则？
5. 有哪些主要的赞助类型？如何实施赞助？
6. 典礼仪式的准备工作包括哪些内容？
7. 周年志庆活动的筹备工作从哪些方面去进行？
8. 消费教育服务的主要形式有哪些？
9. 什么叫做"消费者的系列化"？
10. 处理危机事件的基本方针和对策是什么？

附录一

《公共关系学简明教程》练习与答案

第一章 公共关系的概念和涵义

练 习

一、填空题

1. 公共关系的英文缩写是_____。
2. 公共关系的行为主体是_____。
3. 公共关系的沟通对象是_____。
4. 公共关系的工作手段是_____。
5. 公共关系的本质是_____。
6. 公共关系的目标是_____。
7. 公共关系状态包括组织的_____状态和_____状态两个方面。
8. 公共关系学是研究组织与公众之间传播与沟通的_____、_____和_____的一门学科。
9. "人际关系"从_____的角度概括人的各种社会关系。

10. "人群关系"理论从管理的角度,研究群体内部人的
_____、_____、_____、_____及相互关系对组织效率和群体活力的影响。

11. "宣传"是一种单向的_____、_____和_____方式。

12. "广告"是一种"_____传播",即花钱购买传播媒体的使用权,利用它对公众进行自我宣传,_____性比较强。

二、选择题

1. 公共关系是一种
   ① 组织的活动和职能
   ② 个人的事务和技巧
   ③ 人人有份的关系和意见

2. 公共关系职能是一种
   ① 人事职能
   ② 销售职能
   ③ 传播沟通职能

3. 公共关系专门运用各种传播沟通媒介来处理
   ① 下级与上级之间的关系
   ② 组织与公众之间的关系
   ③ 个人与个人之间的关系

4. 公共关系的实质是
   ① 组织与公众之间的信息交流关系
   ② 组织与组织之间的行政关系
   ③ 组织与公众之间的经济关系

5. 公共关系传播活动区别于其他传播活动的特征之一

是
① 以宣传产品为目标
② 以灌输政治信仰为目标
③ 以塑造组织形象为目标
6. 公共关系状态指的是组织与公众之间的
① 社会关系状态
② 公众舆论状态
③ ①和②
7. 现代公共关系活动主要指
① 专业化、规范化的公关管理实务
② 个人日常的礼貌行为
③ 自古以来就存在的传播行为
8. "人际关系"这一概念属于
① 政治学范畴
② 市场学范畴
③ 社会心理学范畴
9. "人群关系"这一概念属于
① 管理心理学、行为科学范畴
② 行政管理学范畴
③ 社会学范畴
10. 公共关系是一种
① 交际手段
② 宣传活动
③ 双向的信息沟通传播
11. 问题管理又称作
① 论题处理
② 危机管理

③ ①和②

三、名词解释
1. 公共关系
2. 公共关系状态
3. 公共关系活动
4. 公共关系观念
5. 公共关系学
6. 人际关系
7. 人群关系
8. 交际
9. 宣传
10. 新闻代理
11. 公共事务
12. 论题处理

四、简述题
1. 如何理解公共关系的行为主体?
2. 公共关系的对象是什么?
3. 如何理解公共关系的手段?
4. 如何认识公共关系与其他具体社会关系之间的关系?
5. 公共关系的基本目标是什么?
6. 简述雷克斯·哈罗博士的公关定义。
7. 简述公共关系状态的两层涵义。
8. 什么是新闻代理?
9. 什么是问题管理(论题处理)?
10. 公关与营销。

五、论述题

1. 分析论述公共关系概念的基本涵义。
2. 试述公共关系观念的基本内容。
3. 谈谈公共关系和人际关系的联系与区别。
4. 谈谈公共关系和人群关系的联系与区别。

答　案

一、填空题

1. PR　　　　　　2. 组织机构
3. 相关公众　　　4. 传播沟通媒介
5. 双向的信息交流
6. 为组织机构树立良好的公众形象
7. 社会关系　公众舆论
8. 行为　规律　方法
9. 个体关系
10. 需要　动机　态度　行为
11. 心理诱导　行为影响　舆论控制
12. 付费　主观

二、选择题

1. ①　　2. ③　　3. ②　　4. ①
5. ③　　6. ③　　7. ①　　8. ③
9. ①　　10. ③　　11. ①

三、名词解释

1. 公共关系即组织在经营管理中运用信息传播沟通媒

介,促进组织与公众之间的双向了解、理解、信任与合作,为组织机构树立良好的公众形象。

2. 公共关系状态指的是组织在公众环境中的社会关系状态和公众舆论状态。

3. 公共关系活动即运用信息媒介和传播沟通艺术协调组织的社会关系,影响组织的公众舆论,塑造组织的良好形象,优化组织的公众环境的一系列公共关系实务工作。

4. 公共关系观念即客观的公共关系状态和能动的公共关系活动在人们思维中的反映,并以观念和文化的形式,构成经营管理中的一种价值观念、行为准则和道德规范。

5. 公共关系学是以公共关系的客观现象和活动规律为研究对象的一门综合性的应用学科。(公共关系学是研究组织与公众之间传播与沟通的行为、规律和方法的一门学科)。

6. 人际关系指个人在社会交往中形成的人与人之间的相互作用和影响。

7. 人群关系指群体内部活动和组织管理过程中人与人、人与群体和组织的关系。

8. 交际指人与人面对面或借助于个人媒介进行的交往和沟通,即人际沟通。

9. 宣传主要是一种单向的心理诱导、行为影响和舆论控制方式。

10. 新闻代理指通过媒介关系进行报刊宣传,以吸引公众注意力和建立知名度的一种公关宣传方式。

11. 公共事务主要指一个组织与政府部门、公共政策、公众利益、社区事务相关的活动。

12. 论题处理即公关人员对正在出现的问题(特别是将要进入立法程序而有争议的问题)以及这种问题对组织的潜

在影响进行分析、预测和施加影响,帮助组织制定应变的对策和措施。

四、简述题
1. 答案参见第一章第一节第一目第一条(第1—2页)。
2. 参见第一章第一节第一目第二条(第2页)。
3. 参见第一章第一节第一目第三条(第2页)。
4. 参见第一章第一节第一目第四条(第2—3页)。
5. 参见第一章第一节第一目第五条(第3页)。
6. 参见第一章第一节第二目(第6页)。
7. 参见第一章第二节第一目(第7页)。
8. 参见第一章第三节第二目第五条(第15页)。
9. 参见第一章第三节第二目第七条(第15—16页)。
10. 参见第一章第三节第二目第四条(第15页)。

五、论述题
1. 答案参见第一章第一节第一目(第1—3页)。
2. 参见第一章第二节第三目(第9—10页)。
3. 参见第一章第三节第一目第一条(第12—13页)。
4. 参见第一章第三节第一目第二条(第13—14页)。

第二章 公共关系的历史和发展

练 习

一、填空题
1. 公共关系作为一种职业和学科,最早产生于_____。

2. 19世纪中叶至20世纪初,通过美国"＿＿＿＿＿＿"的酝酿,"＿＿＿＿＿＿＿＿"的催化,公共关系逐渐形成为一门职业。

3. 被称为"现代公共关系之父"的公关职业开创者名叫＿＿＿＿。

4. 美国学者＿＿＿＿＿＿＿以其杰出的理论贡献成为公共关系学科化的一名旗手。

5. "凡宣传皆好事"是报刊宣传员＿＿＿＿的传播信条。

6. 艾维·李以"＿＿＿＿"来建立自己的职业信誉。

7. 1952年,卡特利普和森特出版了被称为"公共关系的圣经"的权威著作《＿＿＿＿＿＿》。

8. 从"报刊宣传活动"到"双向对称的公关模式"反映了公关思想演变的脉络:即从＿＿＿＿到＿＿＿＿。

9. 国际公共关系协会于＿＿＿＿年在＿＿＿＿成立。

10. 中国公共关系协会于＿＿＿＿年在北京成立。

11. 从政治上看,＿＿＿＿＿＿＿代替＿＿＿＿是公共关系产生和发展的社会历史条件之一。

12. 从经济上看,公共关系是＿＿＿＿＿＿＿高度发展的产物。

13. 大众传播的发展是公共关系兴起、发展的＿＿＿＿＿＿＿条件。

二、选择题

1. 公共关系职业人士的前身是
   ① 报刊宣传员
   ② 企业推销员
   ③ 广告从业员

2. 20世纪初,美国新闻界大量发表指责企业丑行的文章和漫画,在历史上被称为:
   ① 便士报运动
   ② 清垃圾运动(揭丑运动)
   ③ 报刊宣传活动
3. 1903—1906年首创世界上最早的公关公司的是
   ① 爱德华·伯尼斯
   ② 卡特利普和森特
   ③ 艾维·李
4. 1923年,爱德华·伯尼斯出版的第一本公关著作是
   ①《公众舆论的形成》
   ②《舆论》
   ③《有效的公共关系》
5. 1952年,卡特利普和森特在《有效的公共关系》一书中首次提出了
   ①"公众必须被告知"的原则
   ②"双向对称"的公共关系模式
   ③"投公众所好"的传播方针

三、名词解释
1. 便士报运动
2. 报刊宣传活动
3. 揭丑运动(清垃圾运动)
4. "双向对称"的公共关系模式

四、简述题
1. 为什么说"报刊宣传活动"是公共关系职业化的雏形?

2. "揭丑运动"如何促进了公共关系职业化的进程?
3. 公共关系思想演变的各个时期的传播特点是什么?
4. 简述公共关系产生和发展的政治条件。
5. 简述公共关系产生和发展的经济条件。
6. 简述公共关系产生和发展的技术条件。

五、论述题
1. 从"报刊宣传活动"到"双向对称模式"的启迪。
2. 为什么说公共关系适应了我国改革开放和市场经济的发展?请结合实际进行论述。

答　案

一、填空题
1. 美国　　　　　　　2. 报刊宣传活动　清垃圾运动
3. 艾维·李　　　　　4. 爱德华·伯内斯
5. 巴纳姆　　　　　　6. 讲真话
7.《有效的公共关系》
8. 单向传播　双向沟通
9. 1955　伦敦
10. 1987
11. 民主政治　封建专制
12. 市场经济　　　　　13. 社会技术

二、选择题
1. ①　　2. ②　　3. ③　　4. ①　　5. ②

三、名词解释

1. "便士报运动"出现于19世纪30年代,即报纸以低廉的价钱(1便士1份报)和通俗的、大众化的内容去争取读者,使报纸迅速进入千家万户,成为一种具有重要影响力的社会舆论工具。

2. "报刊宣传活动"产生于19世纪中叶,即美国的工商企业为了节省昂贵的广告费用,雇佣记者或报刊宣传员作为新闻代理人,在报刊上发表宣传性的新闻或故事,以达到宣传企业的目的。这种"报刊宣传活动"便是公共关系的前身。

3. "揭丑运动"(又称"清垃圾运动"、"扒粪运动")出现于19世纪末、20世纪初,当时美国新闻界发表了大量揭露和指责工商企业违反社会道德和公众利益的丑行的文章和漫画,对工商企业构成了巨大的舆论压力,迫使企业重视舆论的重要性,重视改善自己的公众形象。

4. "双向对称"的公共关系模式强调了传播沟通的双向性,即主张组织和公众的利益并重、平衡,为了双方的共同利益,一方面把组织的信息向公众作传播和解释,另一方面把公众的信息向组织作传播和解释,使组织和公众在双向传播沟通中形成和谐关系。这是卡特利普和森特1952年在《有效的公共关系》一书中正式提出来的理论模式。

四、简述题

1. 答案参见第二章第一节第一目第一条(第19页)。
2. 参见第二章第一节第一目第一条(第19—20页)。
3. 参见第二章第一节第一目第二条(第21—23页)。
4. 参见第二章第二节第一目(第26页)。
5. 参见第二章第二节第二目(第26—27页)。

6. 参见第二章第二节第三目(第 27—28 页)。

五、论述题

1. 答案参见第二章第一节第一目第二条(第 21—23 页)。

2. 参见第二章第一节第二目第二条(第 24—25 页)。

第三章 公共关系的功能及应用范围

练 习

一、填空题

1. 公共关系的主要功能包括五个方面,即_____功能、_____功能、_____功能、_____功能和_____功能。

2. 公共关系收集的信息情报具有_____性和_____性,是其他职能部门无法取代的。

3. 公共关系的参谋作用是从_____的角度去分析和评价决策目标的_____制约因素和_____影响效果。

4. 公共关系宣传的作用主要包括三个方面,第一:_____;第二,_____;第三,_____。

5. 公共关系的协调功能包括_____和_____两个方面。

6. 公共关系作为一种经营管理功能,是组织中_____

性、_____性、_____性最强的工作部门。

7. 公共关系的性质决定了它必须关注_____的利益,将经济组织的_____效益摆在重要的位置。

8. 公共关系在经济组织中的效能体现在_____效益和_____效益的统一上。经济组织的公共关系就在于_____性和_____性的平衡。

9. 公众对政治生活的参与性越强,政治组织与公众的_____就越重要。

10. 对于事业单位和社团组织来说,公共关系是重要的事业_____手段。

二、选择题
1. 公关信息情报的来源是
   ① 内源信息
   ② 外源信息
   ③ ①和②
2. 公共关系必须收集分析
   ① 与本组织专业有关的信息
   ② 各方面的社会情报信息
   ③ ①和②
3. 公共关系的参谋作用是从
   ① 科学技术系统提供咨询建议
   ② 行政人事方面提供咨询建议
   ③ 社会公众和整体环境角度提供建议
4. 公共关系的宣传功能主要是为了
   ① 争取公众了解,扩大社会影响
   ② 扩大产品的销售和市场占有率

③ 企业文化与精神文明建设
5. 公共关系的协调功能指
    ① 组织内部的关系协调
    ② 组织外部的关系沟通
    ③ ①和②
6. 公共关系的服务功能体现了它在经营管理中的
    ① 交际性、接待性
    ② 中介性、辅助性和支持性
    ③ 技术性、操作性
7. 公共关系主要被应用于
    ① 经济组织
    ② 政治组织
    ③ 各类社会组织
8. 公共关系能够帮助经济组织获得
    ① 经济效益
    ② 社会效益
    ③ ①和②的统一
9. 公共关系能够帮助政治组织
    ① 了解民意,顺应民意
    ② 引导民意,争取民意
    ③ ①和②
10. 公共关系能够帮助事业团体
    ① 发展会员
    ② 筹措事业资金
    ③ ①和②
11. 在市场竞争中,公共关系主要是一种
    ① 产品品牌声誉竞争的手段

② 企业形象竞争的手段
　　③ ①和②
12. 股东公共关系要求企业组织
　　① 从产出环节、营销环节重视和应用公共关系
　　② 从投入环节、开源环节重视和应用公共关系
　　③ ①和②
13. 政府公共关系的任务主要是
　　① 对内争取民众,稳定社会政治局面
　　② 对外建立国际统一战线,争取和平发展的国际环境
　　③ ①和②

三、名词解释
1. 公共关系功能
2. 告知公众

四、简述题
1. 简要说明公共关系的信息功能。
2. 简要说明公共关系的参谋功能。
3. 简要说明公共关系的宣传功能。
4. 简要说明公共关系的协调功能。
5. 简要说明公共关系的服务功能。
6. 政治组织为什么需要应用公共关系?
7. 事业性团体应用公共关系有什么意义?
8. 为什么说股东公共关系使企业处于一种"最透明"的状态?
9. 政府在国际事务中为什么要运用公共关系?

10. 为什么说解决全球性的问题"需要全球性的沟通"?

五、论述题
1. 试论公共关系的参谋功能。
2. 联系实际案例说明公共关系的宣传功能。
3. 联系实际谈谈公共关系的协调功能。
4. 如何理解公共关系的服务功能？举例说明。
5. 联系我国市场经济发展的实际谈谈市场公共关系的热点与趋势。
6. 试述股东公共关系的兴起对企业公共关系产生的影响。
7. 从政府公共关系的角度谈谈社会沟通与社会稳定之间的关系。
8. 联系当代国际面临的"全球性问题"谈谈国际沟通的意义。

答　案

一、填空题
1. 信息情报　决策参谋　宣传推广　协调沟通　教育服务
2. 宏观　社会
3. 社会公众(社会环境)　社会　社会
4. 创造舆论,告知公众　强化舆论,扩大影响　引导舆论,控制形象
5. 协调内部关系　开展社会沟通
6. 社会　公众　服务

7. 公众　社会
8. 经济　社会　营利　社会
9. 双向沟通(社会沟通)
10. 开发

二、选择题

1. ③　　2. ③　　3. ③　　4. ①
5. ③　　6. ②　　7. ③　　8. ③
9. ③　　10. ③　　11. ③　　12. ③
13. ③

三、名词解释

1. 公共关系功能即围绕公关目标展开的传播沟通活动所发挥出来的作用和效能,包括信息功能、参谋功能、宣传功能、协调功能和服务功能。

2. 告知公众是公关宣传的一项基本任务,即向公众说明和解释组织的有关政策、行为和制品,争取公众的了解和理解,促进公众的认同与接受。

四、简述题

1. 答案参见第三章第一节第一目(第29页)。
2. 参见第三章第一节第二目(第31页)。
3. 参见第三章第一节第三目(第33页)。
4. 参见第三章第一节第四目(第34页)。
5. 参见第三章第一节第五目(第36页)。
6. 参见第三章第二节第一目第二条(第39—40页)。
7. 参见第三章第二节第一目第三条(第40页)。

8. 参见第三章第二节第二目第二条(第41-42页)。

9. 参见第三章第二节第二目第三条(第42-43页)。

10. 参见第三章第二节第二目第四条(第43页)。

五、论述题

1. 答案参见第三章第一节第二目(第31-33页)。

2. 参见第三章第一节第三目(第33-34页),并联系具体案例分析。

3. 参见第三章第一节第四目(第34-36页),联系实际。

4. 参见第三章第一节第五目(第36-38页),举例。

5. 参见第三章第二节第二目第一条(第41页),着重联系我国市场经济的实际进行分析。

6. 参见第三章第二节第二目第二条(第41-42页)。

7. 参见第三章第二节第二目第三条(第42页)。

8. 参见第三章第二节第二目第四条(第43页)。

第四章 公共关系的行为主体

练 习

一、填空题

1. 各类社会组织可具体划分为四类,即_____组织,_____组织,_____组织,_____组织。

2. 一般来说,公共关系与_____性和_____性的社会组织关系较为密切。

3. 从工作性质上看,公共关系的职能部门具有_____

性和_____性。

4. 从管理地位上看,公共关系职能部门在组织中扮演_____和_____的角色。

5. 组织设置公关职能部门有三种基本模式:_____型,_____型和_____型。

6. 组织内设公关部的主要长处是:_____,_____,_____和成本较低。

7. 专业公共关系公司的类型有两种,即_____公司和_____公司。

8. 良好的形象能使组织的实物资产_____,恶劣的形象会使组织的有形资产_____。

二、选择题

1. 公共关系部在组织中是专门从事
   ① 内部关系协调的部门
   ② 上下级沟通的职能部门
   ③ 传播沟通工作的职能部门

2. 公关部门设在行政办公室是一种
   ① 部门隶属型
   ② 部门并列型
   ③ 高层领导直属型

3. 组织内设公共关系部的短处是
   ① 运作成本较高
   ② 易受组织内部主观因素的束缚
   ③ ①和②

4. 聘请公共关系顾问的长处之一是
   ① 了解内情,便于协调

② 运作成本较高
　③ 旁观者清,客观性强
5. 公关人员的业务专长应该是在
　① 传播沟通技术与业务方面
　② 行政人事专业方面
　③ 市场推销技巧与业务方面

三、名词解释
1. 公关部门的"中介"角色
2. 公共关系公司
3. 全员公共关系管理

四、简述题
1. 竞争性营利组织的公关行为特征。
2. 独占性营利组织的公关行为特征。
3. 如何理解公关部门的中介角色?
4. 简述组织内设公关部门的三种基本模式。
5. 简述组织内设公关部门的主要特点。
6. 什么是综合性公关咨询服务公司?
7. 什么是专项公关业务服务公司?
8. 简要列举公关公司的业务范围。
9. 聘请专业公关顾问有何意义?
10. 基层管理人员如何考虑自己的公关责任?

五、论述题

1. 试分析组织的性质和类型对公关行为的影响。
2. 联系本单位实际谈谈内设公关部门的模式和特点。
3. 公共关系人员在性格、品德和能力方面应该具备哪些素质和条件?

答　案

一、填空题

1. 互益性　营业性　服务性　公益性
2. 营利　竞争
3. 传播　沟通
4. 中介　边缘
5. 部门隶属　部门并列　高层领导直属型
6. 了解内情　便于协调　效率较高
7. 综合性公关咨询服务　专项公关业务服务
8. 增值　贬值

二、选择题

1. ③　　2. ①　　3. ②　　4. ③　　5. ①

三、名词解释

1. 公关部门的"中介"("边缘")角色指公关部在管理系统中处于决策层与其他业务技术职能部门之间,处于组织与外部环境之间,负责建立联系、沟通信息、协调行动、维护形象等任务。

2. 公共关系公司是专门为客户提供公共关系劳务和业

务咨询服务的信息型、智能型、传播型的专业机构,是高度专业化的公关行为主体。

3. 全员公关管理(全员PR)即通过全员的公关教育与培训,增强全员的公关意识,提高全员公关行为的自觉性,加强整体的公关配合与协调,全面发动全员的公关努力,形成浓厚的组织公关文化气氛。

四、简述题

1. 答案参见第四章第一节第二目第一条(第46—47页)。
2. 参见第四章第一节第二目第四条(第47页)。
3. 参见第四章第二节第一目第二条(第48—49页)。
4. 参见第四章第二节第二目第一条(第50—52页)。
5. 参见第四章第二节第二目第三条(第53页)
6. 参见第四章第三节第一目第一条(第56页)
7. 参见第四章第三节第一目第二条(第56—57页)。
8. 参见第四章第三节第二目(第57—58页)。
9. 参见第四章第三节第三目第二条(第59页)。
10. 参见第四章第四节第四目第一条(第66页)。

五、论述题

1. 答案参见第四章第一节第一至二目(第45—47页)。
2. 参见第四章第二节第二目(第50—52、53—55页)。
3. 参见第四章第四节第二目(第61—63页)。

第五章 公共关系的对象

练 习

一、填空题

1. 公共关系亦称为_____,其工作对象就是与公关行为主体相关的_____。

2. "公众"指与公共关系主体利益相关并相互影响和作用的_____、_____或_____的总和。

3. "公众"概念的五个基本涵义是:_____、_____、_____、_____和_____。

4. 根据关系的重要程度,可将公众区分为_____和_____两类。

5. 根据关系的稳定程度,可将公众划分为_____、_____和_____三类。

6. 根据公众对组织的态度,可将公众划分为_____、_____和_____三类。

7. 根据公众发展过程的不同阶段,可将公众划分为_____、_____、_____和_____四类。

8. 内部公众既是内部公关工作的_____,又是外部公关工作的_____。

9. 顾客公众是企业组织公共关系对象中_____关系最直接的外部公众,顾客关系是企业市场经营的_____。

10. 媒介关系具有明显的两重性:一方面,新闻媒介是组织与公众沟通的_____;另一方面,新闻界人士又是需要特别争取的_____。

11. 媒介与公众的合一,决定了新闻媒介关系是一种_____最强的关系。

12. 政府公众是最具_____的公关对象。

13. 共同的生存背景使社区公众具有"_____"的特点。

14. 从传播效果来看,名流公关具有"____"效应。

15. 国际公众具有不同的社会文化背景,因此传播沟通活动具有显著的_____特征。

二、选择题

1. 公共关系亦称作
   ① 公众关系
   ② 人际关系
   ③ 团体关系

2. 根据组织内外划分,可将公众区分为:
   ① 首要公众,次要公众
   ② 内部公众,外部公众
   ③ 现实公众,潜在公众

3. 根据关系的重要程度分类,可将公众划分为:
   ① 顺意公众,逆意公众
   ② 内部公众,外部公众
   ③ 首要公众,次要公众

4. 根据关系的稳定程度,可将公众划分为:
   ① 临时公众,周期公众,稳定公众
   ② 顺意公众,逆意公众,边缘公众
   ③ 知晓公众,潜在公众,行动公众

5. 根据公众的态度,可将公众划分为:

① 顺意公众,逆意公众,边缘公众
② 临时公众,周期公众,稳定公众
③ 潜在公众,知晓公众,行动公众
6. 根据组织的价值取向,可将公众划分为:
① 顺意公众,逆意公众,边缘公众
② 受欢迎的公众,不受欢迎的公众,被追求的公众
③ 临时公众,周期公众,稳定公众
7. 按公众的发展过程分类,可将公众划分为:
① 顺意公众,逆意公众,边缘公众
② 生存性公众,功能性公众,扩散性公众
③ 非公众,潜在公众,知晓公众,行动公众
8. 内部公众是
① 与组织自身相关性最强的一类公众
② 一种"准自家人"
③ 一种传播性最强的公众
9. 媒介公众作为"把关人"具有
① 确定议程的功能
② 授予地位的功能
③ ①和②
10. 社区公众指
① 所有内外公众
② 组织所在地的公众
③ 整个社会公众
11. 与名流建立良好关系是为了
① 借助于名流的知识和专长
② 借助于名流的关系和声望
③ ①和②

三、名词解释

1. 公众
2. 首要公众
3. 次要公众
4. 临时公众
5. 周期公众
6. 顺意公众
7. 逆意公众
8. 边缘公众
9. 非公众
10. 潜在公众
11. 知晓公众
12. 行动公众
13. 顾客公众
14. 媒介公众
15. 社区公众
16. 名流公众
17. 媒介关系的二重性
18. 国际公众

四、简述题

1. 什么是公众的群体性？
2. 什么是公众的共同性？
3. 什么是公众的多样性？
4. 什么是公众的变化性？
5. 什么是公众的相关性？
6. 简述首要公众和次要公众。
7. 简述临时公众、周期公众和稳定公众。
8. 简述顺意公众、逆意公众和边缘公众。
9. 简述非公众、潜在公众、知晓公众和行动公众。
10. 谈谈内部公众的构成及沟通目的。
11. 顾客公众及其沟通目的。
12. 媒介公众及其沟通目的。
13. 什么是政府公众对象？
14. 什么是社区公众对象？

15. 什么是名流公众对象？
16. 什么是国际公众对象？

五、论述题

1. 试述"公众"的科学涵义。
2. 谈谈区分内部公众和外部公众的意义。
3. 联系实际说明划分首要公众和次要公众的意义。
4. 谈谈划分临时公众、周期公众和稳定公众对制定公关政策的影响。
5. 如何依据公众的态度来划分公众对象及制定传播政策？举例说明。
6. 如何理解公众是一个发展的过程？举实例分析。
7. 试述加强内部公众沟通的传播意义。
8. 做好顾客公共关系的作用和意义。
9. 试论媒介关系的作用和意义。
10. 谈谈政府关系的作用和意义。
11. 联系实际说明社区公众关系的作用和意义。
12. 谈谈名流公关的作用和意义。
13. 联系对外开放的实际分析国际公众关系的意义。
14. 联系本单位实际列举主要的目标公众，并运用公众分类方法进行分析。

答 案

一、填空题

1. 公众关系　公众群体（公众环境）
2. 个人　群体　组织

3. 群体性 共同性 多样性 变化性 相关性
4. 首要公众 次要公众
5. 临时公众 周期公众 稳定公众
6. 顺意公众 逆意公众 边缘公众
7. 非公众 潜在公众 知晓公众 行动公众
8. 对象 主体
9. 利益 生命线
10. 重要中介 公众对象
11. 传播性质
12. 社会权威性
13. 准自家人
14. 聚焦
15. 跨文化

二、选择题
1. ① 2. ② 3. ③ 4. ①
5. ① 6. ② 7. ③ 8. ①
9. ③ 10. ② 11. ③

三、名词解释

1. 公众指与公共关系主体利益相关并相互影响和作用的个人、群体或组织的总和;即公共关系传播沟通的目标对象。

2. 首要公众即关系到组织生死存亡,决定组织成败的那部分公众对象。

3. 次要公众指那些对组织的生存和发展有一定影响,但没有决定性意义的公众对象。

4. 临时公众是因某一临时因素、偶发事件或特别活动而形成的公众对象。

5. 周期公众是按一定规律和周期出现的公众对象。

6. 顺意公众指那些对组织的政策、行为和产品持赞成意向和支持态度的公众对象。

7. 逆意公众是对组织的政策、行为或产品持否定意向和反对态度的公众对象。

8. 边缘公众是对组织持中间态度，观点和意向不明朗的公众对象。

9. 非公众即与组织无关，其观点、态度和行为不受组织的影响，也不对组织产生作用的公众群体。

10. 潜在公众是由于潜在的公共关系问题而形成的潜伏公众、隐患公众、隐蔽公众或未来公众。

11. 知晓公众是已经知晓自己的处境，明确意识到自己面临的问题与特定组织有关，迫切需要进一步了解与该问题有关的所有信息，并开始向组织提出有关的权益要求的公众对象。

12. 行动公众即已采取实际行动，对组织构成压力，并迫使组织相应采取行动的公众群体。

13. 顾客公众指购买、使用本组织提供的产品或服务的个人、团体或组织。

14. 媒介公众指新闻传播机构及其工作人员，如报社、杂志社、广播电台、电视台及其编辑、记者。

15. 社区公众指组织所在地的区域关系对象，包括当地的权力管理部门、地方团体组织、左邻右舍的居民百姓。

16. 名流公众指那些对公众舆论和社会生活具有较大的影响力和号召力的有名望人士。

17. 媒介关系的二重性指新闻界既是与公众沟通的中介,又是公共关系的对象。

18. 国际公众指一个组织的产品、人员及其活动进入国际范围,对别国的公众产生影响,并需要了解和适应对象国的公众环境的时候,该组织所面对的不同国家或地区的公众对象。

四、简述题

1. 答案参见第五章第一节第一目第一条(第68—69页)。
2. 参见第五章第一节第一目第二条(第69页)。
3. 参见第五章第一节第一目第三条(第69页)。
4. 参见第五章第一节第一目第四条(第69—70页)。
5. 参见第五章第一节第一目第五条(第70页)。
6. 参见第五章第一节第二目第二条(第71页)。
7. 参见第五章第一节第二目第三条(第71—72页)。
8. 参见第五章第一节第二目第四条(第72页)。
9. 参见第五章第一节第二目第六条(第73—74页)。
10. 参见第五章第二节第一目(第74—75页)。
11. 参见第五章第二节第二目(第76—77页)。
12. 参见第五章第二节第三目(第78页)。
13. 参见第五章第二节第四目(第80页)。
14. 参见第五章第二节第五目(第81—82页)。
15. 参见第五章第二节第六目(第83页)。
16. 参见第五章第二节第七目(第84页)。

五、论述题

1. 答案参见第五章第一节第一目(第68—70页)。
2. 参见第五章第一节第二目第一条(第70—71页)。
3. 参见第五章第一节第二目第二条(第71页)。
4. 参见第五章第一节第二目第三条(第71—72页)。
5. 参见第五章第一节第二目第四条(第72—73页)。
6. 参见第五章第一节第二目第六条(第73—74页)。
7. 参见第五章第二节第一目(第75—76页)。
8. 参见第五章第二节第二目(第77—78页)。
9. 参见第五章第二节第三目(第78—79页)。
10. 参见第五章第二节第四目(第80—81页)。
11. 参见第五章第二节第五目(第82—83页)。
12. 参见第五章第二节第六目(第83—84页)。
13. 参见第五章第二节第七目(第84—86页)。
14. 参见第五章第一、二节,联系实际。

第六章 公共关系传播与媒介

练 习

一、填空题

1. 公共关系的过程实质是组织与公众之间的一种_____。
2. 传播这一概念指信息交流和沟通的____、____、____和____。
3. 传播概念的三层涵义是:_____,_____,

_____。

4. 拉斯威尔的 5W 公式中的五个传播要素是_____，_____，_____，_____，_____。

5. 个体自身传播亦称为_____。

6. 人际传播亦称为_____。

7. 在多种传播方式中，_____的人情味最浓。

8. 小团体沟通是介于_____和_____之间的一种传播形式。

9. 组织中的正式沟通主要体现组织中的_____关系；组织中的非正式沟通主要体现组织中的_____关系。

10. 公众传播指传播者向_____的公众群体进行较大规模的现场沟通。

11. 大众传播是_____传播者，通过_____媒介，将大量复制的信息传送给_____的大众。

12. 大众传播媒介主要指____，____，____和____。

13. 印刷类大众媒介主要指以_____、_____形式将信息印刷在纸张上的报纸、杂志、书籍等。

14. 电子类大众媒介主要指以_____的形式传播声音、文字、图象的广播、电视等。

15. 广播、电视让观众、听众_____于它的时间和空间；报纸、杂志则_____于读者的时间和空间。

16. 小众化媒介指专门针对较小的_____，而受众有较多的_____的"窄播系统"。

17. 图文传真系统被称为电子_____系统。

18. 照片与图画均通过_____传递形象信息。照片比图画更_____，_____，_____；图画比照片更富于创造性的想象力和表现力。

19. 公关礼品一般是不进入市场流通的"＿＿＿＿",其＿＿＿＿价值高于＿＿＿＿价值。
20. 影响和制约传播者的声誉和形象的三个因素是：＿＿＿＿性,＿＿＿＿性和＿＿＿＿性。
21. 要达到有效沟通,传播者应该根据传播对象的"＿＿＿＿"来编码（制作传播内容）。
22. 人的感官只对感兴趣的信息开放,这叫做＿＿＿＿＿＿；对同一信息会得出不同的意见和看法,这叫做＿＿＿＿＿＿。
23. 卡特利普和森特提出的有效传播的七"C"要素是：＿＿＿＿,＿＿＿＿,＿＿＿＿,＿＿＿＿,＿＿＿＿,＿＿＿＿,＿＿＿＿。

二、选择题

1. Communication 一词除了译作"传播"之外,还可译作
   ① 宣传
   ② 演讲
   ③ 沟通
2. 传播过程的基本要素是
   ① 传播主体,传播内容,传播媒介
   ② 传播对象,传播效果,传播反馈
   ③ ①和②
3. 传播的控制分析是对
   ① 传播媒介的研究
   ② 传播主体的研究
   ③ 传播内容的研究
4. 传播的受众分析是对

① 传播对象的研究
② 传播效果的研究
③ 传播内容的研究

5. 个体自身的传播即
① 自我交流
② 自我宣传
③ 接受教育

6. 人际传播即
① 人际宣传
② 人际交流
③ 公众舆论

7. 非面对面的人际交流使用的是
① 大众媒介
② 团体媒介
③ 个体媒介

8. 双方互为传播的主、客体,随时调整传播的角色,是
① 人际传播的一大特色
② 大众传播的一大特色
③ ①和②

9. 在各种传播方式中,人情味最浓、情感沟通效果最好的是
① 公众传播
② 大众传播
③ 人际传播

10. 容易受个人主观因素影响而使信息失真,是
① 组织传播的最大弱点
② 人际传播的最大弱点

③ 大众传播的最大弱点
11. 团体的目标和规范对个人的制约,是
① 小团体传播的显著特征
② 人际传播的显著特征
③ 大众传播的显著特征
12. 非正式沟通是以
① 效率和效能为原则的
② 感情和兴趣为纽带的
③ ①和②
13. 传播主体向相对集中的较大的公众群体进行传播,属于
① 公众传播
② 大众传播
③ 小团体传播
14. 受众接受信息时在空间上处于高度分散的状态,是
① 公众传播的一大特点
② 大众传播的一大特点
③ 组织传播的一大特点
15. 在各类传播方式中,信息反馈最困难的是
① 人际传播
② 小团体传播
③ 大众传播
16. 读者在接受信息时有充分的选择性,较为自由,是
① 报纸、杂志的一大优势
② 广播的一大优势
③ 电视的一大优势
17. 传播效果受读者文化水平和文字理解能力的限制,

是

① 广播传播的一个缺点
② 电视传播的一个缺点
③ 报纸传播的一个缺点

18. 通过版面空间的排列组合,大小题目相对集中,阅读效率高,是

① 杂志的一个特点
② 报纸的一个特点
③ 书籍的一个特点

19. 内容分类清楚,阅读时态度较从容,注意力较集中,是

① 杂志的一个特点
② 报纸的一个特点
③ 告示板的一个特点

20. 报纸的新闻资料是

① 告知性的,宣传频率较高,重复阅读率低
② 解释性的,学术性较强,重复阅读率较高
③ 资料性的,史料价值较强,重复阅读率较高

21. 传播方式灵活,接收状态无独占性,不受空间位置的严格限制,是

① 电视的一大特征。
② 广播的一大特征。
③ ①和②

22. 公众对广播信息的注意率不及印刷媒介和电视,因为

① 只有声音和图象,没有文字
② 只有文字和图象,没有声音

③ 只有声音,没有文字和图象
23. 在时间上具有同时性,在空间上具有同位性,是
    ① 广播传播信息的一大特征
    ② 电视传播信息的一大特征
    ③ 报纸传播信息的一大特征
24. 广播和电视传播信息的一个突出缺点是
    ① 受观众文化程度的限制
    ② 缺乏现场感和生动性
    ③ 受节目时间顺序的限制,效果稍纵即逝
25. 将部分传播的控制权由信息制造者转移至信息消费者,是
    ① 大众化媒介(如无线电视)的一大优势
    ② 小众化媒介(如有线电视)的一大优势
    ③ ①和②
26. BBS(布告板系统)指
    ① 通过个人电脑联网形成的沟通系统
    ② 通过可视电话联网形成的沟通系统
    ③ 通过图文传真系统形成的沟通系统
27. 图画与照片相比
    ① 更准确和逼真
    ② 更富于想象力和创造性
    ③ 更具备客观效果
28. 非语文传播因素指
    ① 人的表情、动作、姿态
    ② 界域、服饰、实物
    ③ ①和②
29. 在传播中,借助专家名流的意见来增强影响力

① 可增强传播的权威性
② 可提高传播的客观性
③ 可改善传播的亲密性
30. 在传播中,借助新闻宣传的方式可以
① 提高传播的权威性
② 加强传播的客观性
③ 改善传播的亲密性

三、名词解释
1. 传播
2. 个体自身传播
3. 人际传播
4. 小团体传播
5. 组织传播
6. 公众传播
7. 大众传播
8. 印刷类大众媒介
9. 电子类大众媒介
10. 小众化媒介

四、简述题
1. 简述"传播"概念的基本涵义。
2. 拉斯威尔的 5W 模式。
3. 简述人际传播的特点。
4. 简述小团体传播的特点。
5. 简述组织传播的特点。
6. 简述公众传播的特点。

7. 简述大众传播的特点。
8. 大众媒介的一般社会功能是什么?
9. 简述报纸和杂志的传播特点。
10. 简述广播的传播特点。
11. 简述电视的传播特点。
12. 什么是小众化媒介?
13. 什么是个人电脑联络系统?
14. 如何形成最佳的传播者条件?
15. 如何理解"共同经验范围"?
16. 如何理解受众的"选择权"?
17. 卡特利普和森特关于有效传播的七"C"是什么?

五、论述题

1. 联系一个具体的案例分析传播过程的基本要素,并说明各要素对传播过程的影响。
2. 试述人际传播及其传播特征。
3. 谈谈小团体传播与人际传播、组织传播的区别。
4. 试述组织传播及其特征。
5. 谈谈公众传播的特征,举例说明。
6. 试述大众传播及其特征。
7. 试分析报纸和杂志的传播特征,并比较二者之间的特点。
8. 试述广播与电视的传播特征。

答 案

一、填空题

1. 信息传播活动(信息交流过程)
2. 现象　行为　规律　方法
3. 信息的传递　双向的交流　信息的共享
4. 谁　说什么　何种通道　对谁　何种效果
5. 个人的自我交流
6. 个人沟通
7. 人际传播
8. 人际传播　组织传播
9. 工作　人际
10. 相对集中
11. 职业的　大众传播　分散
12. 报纸　杂志　广播　电视
13. 文字　图片
14. 电波
15. 隶属　隶属
16. 特定群体　选择权
17. 信件
18. 平面构图　准确　客观　逼真
19. 非卖品　宣传　实用
20. 权威　客观　亲密
21. 经验范围
22. 选择性注意　选择性理解
23. 可信度　情境构架　内容　清晰　持续和一贯　通道　受众的能力　(Credibility　Context　Content　Clarity

Continuity&Consistency　　Channels　　Capability of audience）

二、选择题

1. ③　　　2. ③　　　3. ②　　　4. ①
5. ①　　　6. ②　　　7. ③　　　8. ①
9. ③　　　10. ②　　　11. ①　　　12. ②
13. ①　　　14. ②　　　15. ③　　　16. ①
17. ③　　　18. ②　　　19. ①　　　20. ①
21. ②　　　22. ③　　　23. ②　　　24. ③
25. ②　　　26. ①　　　27. ②　　　28. ③
29. ①　　　30. ②

三、名词解释

1. 传播指信息的交流、沟通的现象、行为、规律和方法；凡是传递、接收、交流、分享信息的活动过程，都可称之为传播（传播泛指人类信息交流的关系和活动）。

2. 个体自身传播也称为个人的自我交流，即传递信息的主体和接收信息的客体是同一个体。

3. 人际传播指个人与个人之间的信息沟通与交往，亦称作个人沟通。

4. 小团体传播主要指介于人际传播和组织传播之间的一种传播形式，即群体内的人际沟通活动。

5. 组织传播亦称组织沟通，指作为传播主体的组织与其成员以及环境之间的信息交流、沟通活动。

6. 公众传播指传播主体向相对集中的较大公众群体进行现场沟通。

7. 大众传播即职业的传播者，通过大众媒介，将大量复制的信息传送给分散的大众。

8. 印刷类大众媒介主要指以文字、图片形式将信息印刷在纸张上进行传播的报纸、杂志和书籍。

9. 电子类大众媒介主要指以电波的形式传播声音、文字、图像,运用专门的电器设备来发送和接收信息的广播、电视。

10. 小众化媒介指专门针对较小的特定群体,同时受众有较多的选择权的"窄播"系统。

四、简述题

1. 答案参见第六章第一节第一目(第87—88页)。
2. 参见第六章第一节第二目第二条(第90页)。
3. 参见第六章第二节第二目(第93—94页)。
4. 参见第六章第二节第三目(第94—95页)。
5. 参见第六章第二节第四目(第95—96页)。
6. 参见第六章第二节第五目(第96—97页)。
7. 参见第六章第二节第六目(第97—98页)。
8. 参见第六章第三节第一目第一条(第99页)。
9. 参见第六章第三节第一目第二条(第100页)。
10. 参见第六章第三节第一目第三条(第101—102页)。
11. 参见第六章第三节第一目第三条(第102—103页)。
12. 参见第六章第三节第二目第一条(第103页)。
13. 参见第六章第三节第二目第二条(第104页)。
14. 参见第六章第四节第一目(第107—108页)。
15. 参见第六章第四节第二目(第108页)。
16. 参见第六章第四节第三目(第109—110页)。
17. 参见第六章第四节第五目(第111页)。

五、论述题

1. 答案可参阅第六章第一节第二目(第89—91页)。
2. 参见第六章第二节第二目(第92—94页)。
3. 参见第六章第二节第二 三 四目(第92—96页)。
4. 参见第六章第二节第四目(第95—96页)。
5. 参见第六章第二节第五目(第96—97页)。
6. 参见第六章第二节第六目(第97—98页)。
7. 参见第六章第三节第一目第二条(第100—101页)。
8. 参见第六章第三节第三条(第101—103页)。

第七章 公共关系的工作程序

练 习

一、填空题

1. 作为动力和方向,自我形象的要求越高,组织自觉作出公共关系努力的可能性就_____;作为标准和目的,自我形象的要求越高,实际的成功率可能_____。

2. 实际形象分析包括三个步骤:①_____;②_____;③_____。

3. 知名度指一个组织被公众_____、_____的程度;美誉度指一个组织获得公众_____、_____、_____的程度。

4. 知名度要以美誉度为_____,才能产生正面的积极的效果;美誉度要以一定的知名度为_____,才能充分显示其社会价值。

5. 知名度越高，_____的压力就越大。

6. "高美誉度/低知名度"是一种较为_____和_____的公共关系状态。

7. 组织形象区分为内涵与外显两方面，如质量和性能是产品形象的_____，外观和包装是产品形象的_____；价值观是文化形象的_____，口号、厂歌是文化形象的_____。

8. 组织形象是主观性和_____的统一，统一性和_____的统一。

9. 根据各类公众权利要求中的共同点，制定公共关系的_____目标，设计组织的_____形象。

10. 应该针对主要关系对象的特殊要求来制定公共关系的_____目标，设计组织的_____形象。

11. 选择和应用传播媒介要注意的四个原则是：_____原则，_____原则，_____原则，_____原则。

12. 根据公共关系工作的业务类型，可以将公关活动划分为五种：_____公关，_____公关，_____公关，_____公关，_____公关。

13. 针对不同的组织环境和公关状态，可将公关活动方式区分为五种：_____公关，_____公关，_____公关，_____公关和_____公关。

14. 公关年度工作报告要注意充分运用_____和_____来增强客观性。

15. 根据企业的总产值或总销售量抽取一定的百分比作为公关预算的方法叫做_____。

16. 根据公共关系的计划、目标和项目逐项核定预算的方叫做_____。

17. 公共关系程序的四步曲是：①_____；
② _____；③ _____；④
_____。

二、选择题

1. 自我形象即
   ① 组织自己期望建立的社会形象
   ② 组织的行为和表现在公众中的反映
   ③ 公众和舆论对组织的认知与评价

2. 实际形象即
   ① 社会公众和舆论对组织的客观评价
   ② 组织所期望具有的社会形象
   ③ 自我设计的形象

3. 知名度是
   ① 社会评价好坏程度的指标
   ② 表示关系好坏的尺度
   ③ 评价名气大小的客观尺度

4. 美誉度指
   ① 评价名气大小的尺度
   ② 获得公众欢迎、接纳和信任的程度
   ③ 舆论轰动的程度

5. 知名度要产生正面的积极的效应，必须以
   ① 财力、物力为基础
   ② 人事关系为基础
   ③ 美誉度为基础

6. 影响产品形象的主要因素是

① 质量、性能、服务
② 外观、包装、商标
③ ①和②

7. 标识形象的内涵指
   ① 名称、品牌、商标的文字、图案
   ② 名称、品牌、商标的含义、风格、情调
   ③ 名称、品牌、商标的色彩、构图

8. 形象具有主观性是因为
   ① 离不开主体的设计和传播
   ② 离不开公众的主观认定
   ③ ①和②

9. 组织的公共关系目标必须反映
   ① 组织发展的要求
   ② 公众对本组织的要求
   ③ ①和②

10. 组织的公共关系目标需要
    ① 关照各类公众的共同利益和一般要求
    ② 特别突出首要公众的特殊需求
    ③ ①和②

11. 宣传型公关的效果侧重于
    ① 提高组织的知名度
    ② 加强与公众之间的情感
    ③ 提高组织的美誉度

12. 交际型公关的效果较为突出的是
    ① 提高知名度
    ② 感情的联络
    ③ 美誉度的改善

13. 服务型公关的效果最有利于
    ① 提高知名度
    ② 联络公众感情
    ③ 提高美誉度
14. 建设型公关主要应用于
    ① 组织的开创阶段
    ② 组织的顺利发展阶段
    ③ 组织与环境出现摩擦的时候
15. 防御型公关主要适用于
    ① 组织与环境产生冲突的时候
    ② 组织出现潜在的公关危机的时候
    ③ 组织公共关系严重失调的时候
16. 矫正型公关适用于
    ① 组织的开创阶段
    ② 组织处于顺利发展阶段
    ③ 组织的公共关系严重失调的时候
17. 用S.E.O.S来评价组织的公关效果称为：
    ① 公关社会效益评价
    ② 公关年度工作报告
    ③ 新闻舆论分析报告
18. 分析报导本组织的媒体的层次性和重要性，是对
    ① 新闻报导量的分析
    ② 新闻报导质的分析
    ③ 新闻报导时机的分析

三、名词解释
1. 自我形象
2. 实际形象
3. 知名度
4. 美誉度
5. 目标作业法
6. 宣传型公关
7. 交际型公关
8. 服务型公关
9. 社会活动型公关
10. 征询型公关
11. 公关社会效益评价

四、简述题
1. 什么是自我形象分析?
2. 什么是实际形象分析?
3. 如何理解知名度和美誉度的关系?
4. 简要分析"高知名度/高美誉度"的公关状态。
5. 简要分析"高美誉度/低知名度"的公关状态。
6. 简要分析"低知名度/低美誉度"的公关状态。
7. 简要分析"低美誉度/高知名度"的公关状态。
8. 如何理解产品形象?
9. 什么是环境形象?
10. 什么是文化形象?
11. 什么是标识形象?
12. 如何理解组织形象的内涵与外显。
13. 如何理解形象设计的主观性?

14. 如何理解形象设计的客观性？
15. 如何理解形象设计的统一性？
16. 如何理解形象设计的差异性？
17. 如何理解形象设计的恒定性？
18. 如何理解形象设计的变通性？
19. 简述编制公关预算的两种方法。
20. 简述选择媒介的"联系目标原则"。
21. 简述选择媒介的"适应对象原则"。
22. 简述选择媒介的"区别内容原则"。
23. 简述选择媒介的"合乎经济原则"。
24. 什么是宣传型公关？
25. 什么是交际型公关？
26. 什么是服务型公关？
27. 什么是社会活动型公关？
28. 什么是征询型公关？
29. 什么是建设型公关？
30. 什么是维系型公关？
31. 什么是防御型公关？
32. 什么是进攻型公关？
33. 什么是矫正型公关？
34. 简述公共关系程序的四个步骤。

五、论述题

1. 试述公共关系的四种基本状态。
2. 运用形象分析的方法分析一个具体组织的形象状态及其原因。
3. 联系实例阐述形象策划与设计的主观性和客观性。

4. 联系实例阐述形象策划与设计的统一性和差异性。
5. 联系实际阐述形象策划与设计的恒定性和变通性。
6. 如何从公众的视角设计公共关系的目标?请举例说明。
7. 谈谈公关形象策划的三个平衡。
8. 谈谈制定公共关系计划与方案的原则。
9. 联系实际说明选择和应用传播媒介的四个原则。
10. 怎样做好"新闻舆论分析报告"?

答 案

一、填空题
1. 越大 越低
2. 公众辨认与分析 组织形象地位测量 组织形象要素分析
3. 知晓 了解 欢迎 接纳 信任
4. 客观基础 前提条件
5. 美誉度
6. 稳定 安全
7. 内涵 外显 内涵 外显
8. 客观性 差异性
9. 一般 总体
10. 特定 特定
11. 联系目标 适应对象 区别内容 合乎经济
12. 宣传型 交际型 服务型 社会活动型 征询型
13. 建设型 维系型 防御型 进攻型 矫正型
14. 事实 公众评价

15. 按销售量抽成法
16. 目标作业法
17. 公关调查(形象分析)　公关策划(形象设计)　公关实施(形象传播)　公关检测(形象评估)

二、选择题

1. ①　　2. ①　　3. ③　　4. ②
5. ③　　6. ③　　7. ②　　8. ③
9. ③　　10. ③　　11. ①　　12. ②
13. ③　　14. ①　　15. ②　　16. ③
17. ①　　18. ②

三、名词解释

1. 自我形象即组织自己所期望建立的社会形象,这是组织公共关系工作的内在动力、方向、目的和标准。

2. 实际形象即组织的行为和表现在公众舆论中的投影、反映;亦即社会公众和舆论对组织的认知和评价,体现为组织在社会上一定的知名度和美誉度。

3. 知名度指一个组织被公众知晓、了解的程度,是评价组织名气大小的客观尺度,侧重于"量"的评价,即组织对社会公众影响的广度和深度。

4. 美誉度指一个组织获得公众信任、接纳和欢迎的程度,是评价组织声誉好坏的社会指标,侧重于"质"的评价,即组织社会影响的美丑好坏。

5. 目标作业法是一种制定公关预算的方法,即先制定公共关系的目标和计划,然后根据各项任务项目的需要预算整个公关活动的经费。

6. 宣传型公关即运用印刷媒介、电子媒介等宣传手段,传递组织信息,影响公众舆论,扩大社会影响,创造良好的舆论环境。

7. 交际型公关是运用各种交际手段和沟通艺术,广交朋友,协调关系,缓和矛盾,化解冲突,为组织创造良好的社会环境。

8. 服务型公关以实际的服务活动作为特殊手段,吸引公众,感化人心,获取好评,争取合作,为组织提高社会信誉。

9. 社会活动型公关是通过发起或参与社会性活动,在各种公益、慈善、文化、艺术、体育、教育等社会活动中充当主角,通过支持社会事业扩大组织的整体影响。

10. 征询型公关是运用收集信息、社会调查、民意测验、舆论分析等方法,了解舆情民意,把握时势动态,监测组织环境,为决策提供咨询建议。

11. 公关社会效益评价是借助"成本—效益"分析方法,对组织与社会公众有关的活动事项作出正、反两方面的分析报告,用一定的货币量来反映和衡量组织的社会公关效益。

四、简述题

1. 答案参见第七章第一节第一目(第113—115页)。
2. 参见第七章第一节第二目(第115—118页)。
3. 参见第七章第一节第二目第二条(第115—116页)。
4. 参见第七章第一节第二目第二条(第116—117页)。
5. 参见第七章第一节第二目第二条(第117页)。
6. 参见第七章第一节第二目第二条(第117页)。
7. 参见第七章第一节第二目第二条(第117—118页)。
8. 参见第七章第二节第一目第一条(第121页)。

9. 参见第七章第二节第一目第四条(第 122 页)。
10. 参见第七章第二节第一目第五条(第 122 页)。
11. 参见第七章第二节第一目第六条(第 122 页)。
12. 参见第七章第二节第一目(第 123 页)。
13. 参见第七章第二节第二目第一条(第 123 页)。
14. 参见第七章第二节第二目第一条(第 123—124 页)。
15. 参见第七章第二节第二目第二条(第 124 页)。
16. 参见第七章第二节第二目第二条(第 124 页)。
17. 参见第七章第二节第二目第三条(第 124—125 页)。
18. 参见第七章第二节第二目第三条(第 125 页)。
19. 参见第七章第二节第四目第三条(第 132—133 页)。
20. 参见第七章第三节第一目第一条(第 134 页)。
21. 参见第七章第三节第一目第二条(第 134—135 页)。
22. 参见第七章第三节第一目第三条(第 135 页)。
23. 参见第七章第三节第一目第四条(第 135—136 页)。
24. 参见第七章第三节第二目第一条(第 136 页)。
25. 参见第七章第三节第二目第一条(第 136—137 页)。
26. 参见第七章第三节第二目第一条(第 137 页)。
27. 参见第七章第三节第二目第一条(第 137 页)。
28. 参见第七章第三节第二目第一条(第 137—138 页)。
29. 参见第七章第三节第二目第二条(第 138 页)。
30. 参见第七章第三节第二目第二条(第 138 页)。
31. 参见第七章第三节第二目第二条(第 138 页)。
32. 参见第七章第三节第二目第二条(第 138 页)。
33. 参见第七章第三节第二目第二条(第 138—139 页)。
34. 参见第七章(第 144—145 页)。

五、论述题

1. 答案参见第七章第一节第二目第二条(第 116—117 页)。
2. 参见第七章第一节第一至三目(第 113—121 页)。
3. 参见第七章第二节第二目第一条(第 123—124 页)。
4. 参见第七章第二节第二目第二条(第 124 页)。
5. 参见第七章第二节第二目第三条(第 124—125 页)。
6. 参见第七章第二节第三目第二条(第 128—129 页)。
7. 参见第七章第二节第三目第三条(第 129—130 页)。
8. 参见第七章第二节第四目第一条(第 130—131 页)。
9. 参见第七章第三节第一目(第 134—136 页)。
10. 参见第七章第四节第四目(第 142—144 页)。

第八章　公共关系实务(一)
公共关系调查

练　习

一、填空题

1. 抽样调查亦称为_____。
2. 人口总体即民意测验的_____。
3. 抽样即从大型的人口总体中抽取一部分作为_____，以便从_____的特征来推断整个人口总体的特征。
4. 影响样本质量的因素主要是样本的_____和样本

的_____。其中样本的_____决定了整个民意调查的准确性和有效性。

5. 抽样框即反映_____自然特征的基础材料。

6. 随机抽样使人口总体中的每一单位都有_____、_____的被抽中的机会。

7. 间隔随机抽样主要考虑样本在人口总体中的____性。

8. 分层随机抽样有两种方法,即分层_____抽样和分层_____抽样。

9. 分层随机抽样主要考虑样本的_____代表性,而不考虑样本在总体中数量的均匀性。

10. 整群抽样是将人口总体系统内的_____作为抽样的基本单位,用随机方式_____地抽取。

11. 配额抽样是一种_____随机抽样法。

12. 为问题准备多项答案,让调查对象依照自己的看法排列各答案的先后顺序,叫做_____。

13. 问卷调查访问的方式主要有:_____,_____,_____。

14. 深度调查一般作为问卷调查的辅助手段,用于_____和_____。

15. 传播内容分析是对社会调查获取的资料以及各种传播媒介披露的信息作_____,从中揭示趋势性的问题。

二、选择题

1. 从对样本质量的影响力来看
   ① 样本的规模不如样本的代表性重要
   ② 样本的代表性不如样本的规模重要
   ③ 样本的规模和样本的代表性一样重要

2. 将人口总体顺序编号,用等距法,每隔一定间隔抽出一个样本。这种抽样方法称作

① 分层随机抽样

② 间隔随机抽样

③ 整群随机抽样

3. 将人口总体按特征分类,然后按同一比例在每类中随机抽取样本。这种抽样方法是

① 分层随机抽样

② 分区多级随机抽样

③ 分层同比抽样法

4. 为了更准确地观察某一层人的态度,需要扩大该层次的抽样比例,因此要使用

① 分层同比抽样法

② 分层异比抽样法

③ 整群抽样法

5. 先确定人口总体的各项特征,按人口总体中具有各项规定特征的人口比例,确定样本中具有相应特征的人数比例,然后按这一比例抽选调查对象,这种方法称作

① 分层随机抽样

② 分层同比抽样

③ 配额抽样

6. 在问题下面列出多项比较性答案,请调查对象根据自己的意愿选择其中一项最满意的答案,这叫做

① 对比选择

② 多项选择

③ 排序选择

7. 为问题准备多项备选答案,让对象依照自己的看法排

列各答案的先后顺序,这种问卷形式是

　　① 多项选择

　　② 排序选择

　　③ 意见程度选择

8. 面访调查的一个主要缺点是

　　① 调查对象不理解问卷

　　② 时间短,难于深入

　　③ 调查对象容易受访问者的主观影响

9. 信函调查的一个主要缺点是

　　① 需要大量人力物力,成本较高

　　② 回函率低,回函率不一致使样本的地域分布发生误
　　　差

　　③ 答案简单,难于深入

10. 电话调查的一个优点是

　　① 速度快,范围广,回答率高

　　② 调查对象有充裕的时间认真考虑,从容作答

　　③ 可以相互探讨,深入探讨,加深印象

11. 在商场的柜台、橱窗旁观察顾客对某种牌子产品或广告的表情、态度、言论和行为,这种调查方法叫做

　　① 展销观察

　　② 动作观察

　　③ 实际痕迹观察

三、名词解释

1. 抽样调查
2. 间隔随机抽样

3. 分层随机抽样
4. 分层异比抽样
5. 整群抽样
6. 配额抽样
7. 封闭式问卷
8. 意见程度选择

四、简述题
1. 简述分层随机抽样的方法及特征。
2. 简述制作问卷的主要形式。
3. 什么是面访调查?
4. 什么是信函调查?
5. 什么是电话调查?
6. 什么是深度调查?
7. 简述整理抽样调查的资料数据的步骤。
8. 调查报告应该包括什么内容?
9. 办理公众来信的基本要求是什么?

五、论述题
1. 联系具体个案制定一份抽样调查方案。
2. 试为本组织的产品或形象调查设计一份调查问卷。
3. 试比较分析面访调查、信函调查和电话调查三种调查方法的优缺点。

答 案

一、填空题
1. 民意测验
2. 对象集团
3. 调查样本　样本
4. 规模　代表性　代表性
5. 人口总体(调查对象总体)
6. 同等的　可计算
7. 均匀
8. 同比　异比
9. 层次(分类)
10. 基层分支单位　整群
11. 不完全
12. 排序选择
13. 面访调查　信函调查　电话调查
14. 重点对象　典型调查
15. 规范性分析

二、选择题
1. ①　　2. ②　　3. ③　　4. ②
5. ③　　6. ①　　7. ②　　8. ③
9. ②　　10. ①　　11. ②

三、名词解释
1. 抽样调查即从所要研究现象规定范围内的全部个体单位中,按科学的随机原则,抽取部分单位进行调查或观测,取得数据资料,用以对现象整体的全面特征,作出有统计科学依据的、一定精密程度和可靠程度的估计与推断。

2. 间隔随机抽样即将人口总体顺序编号,用等距法,每隔一定间隔抽出一个样本。这种方法适用于规模不大的人口总体,而且调查内容无需考虑到调查对象群体内部的各种差异。

3. 分层随机抽样即将人口总体按特征分层(分类),然后在每层(每类)中随机抽取样本。

4. 分层异比抽样即将人口总体按特征分层后,根据特殊需要,在不同的层次(类别)中按不同的比例进行抽样。

5. 整群抽样即将一个总体系统内的基层分支单位作为抽样的基本单位,用随机方式整群地抽取,然后对样本中的每一个体进行全面调查。

6. 配额抽样是先确定人口总体的各项特征,按人口总体中具有各项规定特征的人口比例,确定样本中具有相应特征的人数比例,然后按这一比例抽取调查样本。

7. 封闭式问卷是制作调查问卷的主要方式,即在设计的问题下列出可供选择的备选答案,供调查对象选择,以测试调查对象的态度和意见。

8. 意见程度选择是一种封闭式问卷的形式,即对所提出的问题设定几种程度不同的态度和意见,要求调查对象根据自己的看法选择其一,以探测其对该问题的意见程度。

四、简述题

1. 答案参见第八章第一节第三目第一条(第150—151页)。

2. 参见第八章第一节第四目(第153—154页)。

3. 参见第八章第一节第五目第一条(第155—156页)。
4. 参见第八章第一节第五目第二条(第156页)。
5. 参见第八章第一节第五目第三条(第156页)。
6. 参见第八章第一节第五目第四条(第156—157页)。
7. 参见第八章第一节第六目(第157页)。
8. 参见第八章第一节第七目(第157—158页)。
9. 参见第八章第二节第四目(第160页)。

五、论述题
1. 答案参见第八章第一节第三目(第148—153页)。
2. 参见第八章第一节第四目(第153—155页)。
3. 参见第八章第一节第五目(第155—156页)。

第九章 公共关系实务(二)
公共关系宣传

练 习

一、填空题
1. 运用新闻传播形式做公关有四个特点：①_____；②_____；③_____；④_____。
2. 新闻稿的五个W一个H分别是：_____，_____，_____，_____，_____以及_____。
3. 倒金字塔式的新闻稿结构由_____和_____两大部分组成，重点是_____部分。
4. 记者招待会一般是专题性的，新闻发布则一般是

_____的。

5. 新闻发布可以采取公告、书面的形式,记者招待会则必须有_____。

6. 商品广告是推销产品的;公关广告是推销_____的。

7. 商品广告具有直接促销的功能,近期的市场效果较好;公关广告具有_____的功能,侧重于_____。

8. 公共关系报刊作为一种"准大众媒介"是由组织_____的。

9. 根据 CI 的要求,一个组织的识别系统应该既具有_____,又具有_____。

10. CI 不是对个别产品的"包装",而是对企业"_____"。

11. CI 设计包括两大系列,即_____系列和_____系列。

二、选择题

1. 在倒金字塔式的新闻稿中,最重要的是
   ① 导语部分
   ② 新闻事实部分
   ③ 新闻背景资料
2. 通过记者招待会形成舆论效果是一种
   ① 大众传播方式
   ② 人际传播方式
   ③ 两级传播方式
3. 公关广告影响公众的模式是
   ① 公众——产品——企业

② 公众──→企业──→产品
　　③ 企业──→公众──→产品
 4. CIS 主要是一种
　　① 组织视觉形象传播系统
　　② 组织广告传播系统
　　③ 组织的人际传播系统
 5. CI 要求组织的形象识别系统要有
　　① 鲜明的个性
　　② 完整的统一性
　　③ ①和②
 6. 名称、品牌、商标、字体和色彩是
　　① CI 系统中的应用要素
　　② CI 系统中的基本要素
　　③ ①和②

三、名词解释

1. "授予地位"的功能
2. 新闻价值
3. 新闻六要素
4. "倒金字塔"结构
5. 策划新闻事件
6. 公共关系广告
7. 响应广告
8. 倡仪广告
9. CI(CIS)

四、简述题

1. 简述运用新闻传播作公关宣传的特点。
2. 简述策划新闻事件及其特点。
3. 简述新闻发布会与记者招待会的区别。
4. 什么是组织内刊?
5. 什么是组织外刊?
6. 如何理解 CI 传播的个性化特征?
7. 如何理解 CI 传播的统一化特征?
8. 如何理解 CI 传播的识别功能?
9. 如何理解 CI 传播的渗透功能?
10. 什么是 CI 设计的基本要素?
11. 什么是 CI 设计的应用要素?
12. 组织自控的影视媒介与大众媒介有何区别?

五、论述题

1. 试析"策划新闻事件"一案例。
2. 谈谈如何筹划和举办一次记者招待会。
3. 与新闻界沟通需要了解哪些新闻业务特点?
4. 应该怎样与新闻界建立良好的工作关系?
5. 试分析比较公共关系广告与商品广告的区别,并举例说明。
6. 怎样做好公共关系刊物的分发工作?
7. 试论 CI 传播的特点与功能。
8. 谈谈影视宣传手段的具体应用。

答案

一、填空题

1. 客观性强　社会影响大　传播成本低　传播的主导性差
2. 何时（When）　何地（Where）　何人（Who）　何事（What）　何因（Why）　过程如何（How）
3. 新闻导语　新闻事实　新闻导语
4. 例行
5. 口头交流
6. 形象（组织）
7. 间接促销　长远的社会影响
8. 直接控制
9. 个性　统一性
10. 整体的包装
11. 基本要素　应用要素

二、选择题

1. ①　2. ③　3. ②　4. ①　5. ③　6. ②

三、名词解释

1. "授予地位"的功能指新闻界能够赋予被传递的信息以某种特殊的重要意义，能够提高被传播者的社会地位，具有提高社会知名度的效应。

2. 新闻价值主要指新闻事实中能够明显引起公众注意和兴趣的特性，比如时新性、重要性、国际性、地方性、奇特性、突发性、危险性、内幕性、浪漫性等等，这些特性越突出、越丰富,新闻价值就越高。

3. 新闻六要素是指五个 W 一个 H,即何时(When),何地(Where),何人(Who),何事(What),何因(Why)以及过程如何(How)。

4. "倒金字塔"结构是一种典型的新闻稿结构,即以重要性递减的顺序来安排新闻中的各项要点和事实。其中新闻导语是结构的重点,包括了主要的新闻要素;然后按照新闻事实的重要程度顺次分段安排,重要的排在前面,次要的排在后面。

5. 策划新闻事件(亦称策划媒介事件)指公关人员在真实的、不损害公众利益的前提下,有计划地策划、组织、举办具有新闻价值的活动或事件,制造新闻热点,吸引新闻界和公众舆论的注意与兴趣,争取新闻宣传的机会,使本组织成为新闻的主角,以达到提高知名度、扩大社会影响的目的。

6. 公共关系广告是一种特殊的广告形态,是公关宣传的一种重要方式,它通过付费购买大众媒介或大众传播机会,向大众传递公关信息,树立、维持、改变或强化组织的公众形象。

7. 响应广告即用广告响应社会生活中某一重大主题事件,响应政府或社会团体某种有社会意义的活动,以此表达企业关注和参与公众生活,并藉此扩大企业的社会影响。

8. 倡仪广告是以组织的名义率先倡导某种有社会意义和社会影响的活动或观念,动员公众关心和参与,以此作为广告主题,显示本组织的社会能力和社会形象。

9. CI(Corporate Identity System)是一种组织视觉形象传播系统,亦称企业识别系统,即对组织机构的一切可视物进行统筹设计、管理和传播,使组织的形象识别要素个性化和统一化,以达到强化整体形象的传播目的。

四、简述题

1. 答案参见第九章第一节第一目(第 164 页)。
2. 参见第九章第一节第三目(第 167—168 页)。
3. 参见第九章第一节第四目(第 169 页)。
4. 参见第九章第三节第一目第一条(第 176 页)。
5. 参见第九章第三节第一目第二条(第 177 页)。
6. 参见第九章第四节第一目第一条(第 179 页)。
7. 参见第九章第四节第一目第一条(第 179 页)。
8. 参见第九章第四节第一目第一条(第 180 页)。
9. 参见第九章第四节第一目第一条(第 180 页)。
10. 参见第九章第四节第二目第一条(第 180 页)。
11. 参见第九章第四节第二目第二条(第 180—181 页)。
12. 参见第九章第五节第一目(第 181—182 页)。

五、论述题

1. 答案参见第九章第一节第三目(第 167—168 页)。
2. 参见第九章第一节第四目(第 168—169 页)。
3. 参见第九章第一节第五目第二条(第 170—171 页)。
4. 参见第九章第一节第五目(第 170—173 页)。
5. 参见第九章第二节第一目(第 173 页)。
6. 参见第九章第三节第一目第三条(第 177 页)。
7. 参见第九章第四节第一目(第 179—180 页)。
8. 参见第九章第五节第一目(第 182 页)。

第十章 公共关系实务(三)
公共关系交际

练 习

一、填空题

1. 通常公关部经理被授权代表_____,适于出面_____的接待工作。

2. 对于专业性较强的来访者,公关部应会同相关的_____出面接待。

3. 在回答记者有关敏感的话题之前,应该向_____或_____请示。

4. 对较重要的客人,应安排_____或_____的人士出面迎送。

5. 主人会见客人一般称为_____或_____;客人会见主人一般称为_____或_____。

6. 会见的座位安排,客人应坐在主人的_____;译员和记录员则安排坐在主人和主宾的_____。

7. 会谈与会见相比,一般内容较为_____,_____较强。

8. 为照顾平衡和对等,双边会谈使用的桌子一般为_____,宾主_____而坐;多边会谈的桌子与座位最好摆成_____或_____。

9. 合影时一般由主人_____,按礼宾次序,以主人_____为上,主客双方_____排列;主要身份者站

_____,其余站_____;两端均由_____把边。

10. 签字仪式中双方签字人的身份应该_____。

11. 安排会谈座席时,以正门为准,背门的一侧安排_____,面向正门一侧安排_____。如果会谈长桌的一端向着正门,以入门方向为准,右边安排_____,左边安排_____。

12. 按国际习惯,桌次和席位高低以离主人的座位_____而定,同时也遵循_____高_____低的习惯。

13. 为他人作介绍时需要注意一个基本原则,即应该受到特别尊重的一方有_____。

14. 握手的时候,身份低者与身份高者之间,应该由_____先伸手;男士与女士之间,应该由_____先伸手。

15. 在社交场合交谈,对女士一般不问_____、_____;对男士一般不问_____、_____。

16. 冷餐会亦称作_____;酒会又称为_____,一般不设固定座席,可以随意走动,出席者不必计较_____。

二、选择题

1. 接待重要的来访者
   ① 由主要负责人出面
   ② 由公关部负责人出面
   ③ ①和②均可以

2. **破格接待**指
   ① 安排副职、助理出面接待
   ② 安排比客人身份高的人士出面接待
   ③ 由公关部出面接待

3. 身份低的人士会见身份高的人士,客人会见主人,一

般称为

　　① 接见或召见

　　② 拜会或拜见

　　③ 回访或回拜

4. 礼节性会见一般

　　① 时间较短,话题较为广泛和轻松

　　② 事务性较强,话题较为专门

　　③ 政治性较强,话题较为严肃

5. 会见的座席安排,一般客人应坐在主人的

　　① 左边

　　② 右边

　　③ 对面

6. 双边会谈或谈判的座席安排,客人应坐在主人的

　　① 右边

　　② 左边

　　③ 对面

7. 会谈的席位安排中,房间背门的一侧应安排给

　　① 主人

　　② 客人

　　③ 主人和客人

8. 如果会谈长桌顺着门口方向,一端对着正门,那么以入门方向为准

　　① 右为主方,左为客方

　　② 右为客方,左为主方

　　③ 双方间隔而坐

9. 冷餐会和酒会

　　① 设有固定座席,按礼宾次序入席

② 不设固定座席,不必计较礼宾身份

③ 设有若干座席,但不可随意入座

10. 出席鸡尾酒会

① 必须准时到达,不可提前退席

② 必须按时到达,可以提前退席

③ 在规定时间段内随意到达或退席

11. 宴会的桌次席位高低次序安排

① 以离主人席位的远近而定,近高远低

② 按主人的左右方向而定,右高左低

③ ①和②

12. 为他人作介绍的先后顺序应当是

① 先向身份高者介绍身份低者,先向女士介绍男士

② 先向身份低者介绍身份高者,先向男士介绍女士

③ 先向年幼者介绍年长者,先向下级介绍上级

13. 递、接名片时

① 最好用双手

② 右手递,左手接

③ ①和②都可以

14. 握手的礼节要求,双方见面时,身份低者、年轻者或男士应该

① 主动与身份高者、年长者或女士握手

② 尽量避免与身份高者、年长者及女士握手

③ 先向身份高者、年长者或女士点头敬意,待对方伸手再与之握手

15. 在交际场合聆听他人谈话时

① 眼睛应该盯着对方眼睛

② 眼睛应该瞧着旁边

③ 眼睛应该有礼貌地注视对方

三、名词解释
1. 会见
2. 会谈
3. 沙龙

四、简述题
1. 公关接待中的迎、送工作应该注意什么事项？
2. 安排会见或会谈的注意事项有哪些？
3. 如何安排签字仪式？
4. 冷餐会和鸡尾酒会有什么特点？
5. 席位和桌次的安排要注意什么问题？
6. 什么是礼仪电报？
7. 为他人作介绍时要注意什么礼节？
8. 自我介绍时要注意什么礼节？
9. 握手要注意什么礼节？
10. 祝酒时要注意什么礼仪？
11. 在社交场合选择交谈话题时要注意什么问题？

答 案

一、填空题
1. 组织　各种级别（不同层次）
2. 专业技术部门
3. 最高层　有关部门
4. 身份相当　专业对口
5. 接见　召见　拜会　拜见

6. 右边 后面
7. 正式 专题性
8. 长方形 相对 圆形 正方形(椭圆形)
9. 居中 右手边 间隔 前排 后排 主方人员
10. 对等
11. 主方 客方 客方 主方
12. 远近 右 左
13. 了解的优先权
14. 身份高者 女士
15. 年龄 婚否 收入 履历
16. 自助餐 鸡尾酒会 礼宾身份

二、选择题

1. ③   2. ②   3. ②   4. ①
5. ②   6. ③   7. ①   8. ②
9. ②   10. ③ 11. ① 12. ①
13. ③ 14. ③ 15. ③

三、名词解释

1. 会见一般有接见和拜会之分。凡身份高的人士会见身份低的,或者主人会见客人,一般称为接见或召见。凡身份低的人士会见身份高的,或者客人会见主人,一般称为拜会或拜见。我国一般统称为会见。接见和拜会后的回访称回拜。

2. 会谈指双方或多方就某些正式或重大的政治、经济、文化等共同关心的问题交换意见,或进行公务、商务谈判。会谈的内容一般较为正式,专题性较强。

3. "沙龙"是法语"客厅"的译音,现成为"社交集会"的代名词。"社交沙龙"一般没有具体的题目或活动程序,主要为参加者提供一个互相认识、互相交流、建立联系、沟通感情的机会。"专题沙龙"是对某一专门领域有共同兴趣的人士的一种自由聚会。

四、简述题

1. 答案参见第十章第一节第一目第三条(第186—187页)。
2. 参见第十章第一节第二目第三条(第191页)。
3. 参见第十章第一节第三目(第192—193页)。
4. 参见第十章第一节第四目第三 四条(第194—195页)。
5. 参见第十章第一节第四目第七条(第196—200页)。
6. 参见第十章第一节第五目第二条(第201页)。
7. 参见第十章第二节第一目第一条(第202页)。
8. 参见第十章第二节第一目第一条(第202—203页)。
9. 参见第十章第二节第一目第二条(第203页)。
10. 参见第十章第二节第三目第二条(第206—207页)。
11. 参见第十章第二节第二目第二条(第205页)。

第十一章 公共关系实务(四)
综合性的公共关系活动

练 习

一、填空题

1. 展览会主要通过现场＿＿＿＿和＿＿＿＿来传播信

息。

2. 贸易展览以展出_____为主；专题宣传展览以_____为目的。

3. 从展览的规模区分,可分为_____、_____和微型展览三种。

4. 以展览场地区分,可分为_____和_____两种。

5. 以展览期限区分,有_____、_____和一次性展览三种。

6. 举办组织开放参观日活动是一种特殊的"_____活动"和"_____活动"。

7. 实行赞助的社会效益原则要求认真研究赞助项目的_____,分析赞助的_____,弄清楚赞助对象的_____和_____。

8. 为了从经济上约束和管理赞助项目的实施,保证项目的质量,大笔的赞助款项应该_____,按实施效果_____。

9. 公共关系特别节目是一种专门策划、设计和实施的_____传播活动。

10. 常见的典礼仪式包括_____,_____,_____,_____,_____等。

11. 良好的销售服务能为优质产品增添_____。

12. 消费者的系列化又称为消费者的_____。

13. 消费者系列化程度的重要标准是_____和_____。

14. 处理危机事件的公关宗旨是_____,_____。

15. 发生突发事故时,即使受害者有一定责任,也不要在_____,避免在_____与受害者及有关人士发生争辩。

16. 产生危机事件时,应该_____对新闻界的口径。一方面主动向媒介提供_____,帮助作出正确的报导;另一方面,在事实未完全明了时不要对事发原因等有关情况进行_____的报导,不轻易表示_____或_____的态度。

17. 本书所介绍的综合性公关活动有:_____,_____,_____,_____,_____,_____。

二、选择题

1. 展览会是一种
   ① 复合性的传播方式
   ② 人际传播方式
   ③ 大众传播方式

2. 企业的产品陈列室、厂史展览室属于
   ① 大型展览
   ② 小型展览
   ③ 微型展览

3. 配合某一专题活动而临时设计的展览属于
   ① 长期性展览
   ② 周期性展览
   ③ 一次性展览

4. 举办开放参观日活动有利于
   ① 促进产品销售
   ② 提高社会透明度
   ③ 改善社区形象以及②

5. 受理赞助请求应该按赞助条例办事,这有利于
   ① 杜绝人情赞助
   ② 坚持原则,减少不必要的赞助

③ 赞助活动的规范化以及①和②
6. 公关服务主要靠
   ① 精彩的广告语言去争取人心
   ② 实际和良好的行为去争取人心
   ③ 金钱来收买人心
7. 发生突发性危机事件后,应该
   ① 立即保持沉默,回避新闻界
   ② 立即安置公众,但不必做任何解释
   ③ 由专人向公众发布消息,集中处理与事件有关的新闻采访。

三、名词解释

1. 展览会
2. 开放参观日
3. 赞助
4. 特别节目
5. 消费者系列化

四、简述题

1. 简述展览会的传播特点。
2. 赞助的公关目的与意义是什么?
3. 简述实行赞助的原则。
4. 简述典礼仪式的准备工作。
5. 简述周年志庆的准备工作。
6. 如何理解消费者系列化?

五、论述题

1. 怎样组织和实施展览活动？请联系实际制定一份方案。
2. 如何组织和安排开放参观活动？请联系实际制定一份方案。
3. 怎样进行公关赞助活动？请联系实际说明。
4. 为一个组织策划一个庆典活动的方案，并进行分析论证。
5. 如何开展消费教育的活动？请联系企业实际加以说明。
6. 联系实际谈谈危机处理的媒介对策。

答　案

一、填空题

1. 展示　示范
2. 产品实物　宣传教育
3. 大型展览　小型展览
4. 室内展览　露天展览
5. 长期性展览　周期性展览
6. 组织公开展览　组织广告
7. 社会意义　社会效果　社会背景　社会信誉
8. 分步到位　分段提供
9. 主题性
10. 奠基礼（动土礼）　开幕典礼　落成典礼　通车典礼　就职典礼　毕业典礼
11. 无形价值

12. 组织化
13. 商标指名率　商标统一率
14. 真实传播　挽回影响
15. 现场追究　事故现场
16. 统一　真实情况　推测性　赞成　反对
17. 展览会　开放参观日　赞助活动　特别节目　社会服务　危机处理

二、选择题
1. ①　　2. ②　　3. ③　　4. ③
5. ③　　6. ②　　7. ③

三、名词解释
1. 展览会是一种综合运用各种媒介的传播方式,通过现场展示和示范来传递信息,推销形象,是一种常规性的公共关系活动。

2. 开放参观日活动是一种特殊的"组织公开展览活动"和"组织广告活动",能够提高组织的社会透明度,增进外界对组织的了解,消除组织与社区之间的隔阂,培养公众对组织的感情,创造良好的社区气氛,树立良好的公众形象。

3. 赞助是企业无偿提供资金或物质支持某项事业,以获得一定的公众形象传播效益的社会活动。举办赞助活动是企业承担社会责任与义务,搞好公众关系的一种有效手段。

4. 特别节目是通过专门的策划、设计和组织的主题性传播活动,形式生动,气氛热烈,能有效地吸引公众,影响舆论,创造声势,树立形象。如典礼仪式,志庆活动,民俗节目,嘉年华会,专题竞赛,专题研讨会等。

5. 消费者系列化亦称为消费者的组织化,即通过消费教育、消费引导和消费服务,培养本企业的拥护者、爱戴者,培养本企业稳定的消费者队伍和稳定的市场关系。

四、简述题

1. 答案参见第十一章第一节第一目(第210—211页)。
2. 参见第十一章第三节第一目(第216—217页)。
3. 参见第十一章第三节第三目(第218—219页)。
4. 参见第十一章第四节第一目第一条(第221页)。
5. 参见第十一章第四节第一目第二条(第221—222页)。
6. 参见第十一章第五节第三目(第225—226页)。

五、论述题

1. 答案参见第十一章第一节第三目(第212—214页)。
2. 参见第十一章第二节第三目(第215—216页)。
3. 参见第十一章第三节第三、四目(第218—220页)。
4. 参见第十一章第四节(第221页)。
5. 参见第十一章第五节第一目(第224—225页)。
6. 参见第十一章第六节第三目第三条(第228—229页)。

附录二

部分参考书目

1.《公共关系学》 王乐夫,廖为建,郭巍青,刘悦伦,李江涛 著·辽宁人民出版社,1986年版。

2.《塑造形象的艺术——公共关系学概论》 中国社会科学院新闻研究所公共关系课题组 编著·科普出版社,1986年版。

3.《公共关系学导论》 居延安 著·上海人民出版社,1987年版。

4.《公共关系学》 熊源伟 主编·安徽人民出版社,1990年版。

5.《公共关系实务大全》 王晓进等 主编·北京工业大学出版社,1989年版。

6.《有效公共关系》 (美)卡特利普等 著,汤滨等 译·中国财经出版社,1988年版。

7.《公共关系与实践》 (美)纽萨姆等 著,罗建国等 译·上海译文出版社,1989年版。

8.《公共关系战略与战术》 (美)威尔科克斯等 著,司久岳等 译·新华出版社,1992年版。

9.《实用公共关系学》 (英)杰弗金斯 著,徐百益 编译·上海翻译出版公司,1988年版。

10.《公共关系学》 (英)杰弗金斯 著,何道隆等 译·西南财经大学出版社,1987年版。

新版后记

《公共关系学简明教程》自1989年出版至今已印刷发行了20万册,在国内同类书籍中是发行量较大的一种。在此,首先要感谢国内同行们以及广大读者的厚爱与支持。并且要感谢为此书的出版、发行付出了辛勤劳动的中山大学出版社的同志们,特别是本书的责任编辑谭广洪同志。

这次新版对原书作了较大篇幅的修改和补充,其中也吸收了国内同行及读者们的宝贵意见,在此一并表示感谢。

此书主要为公共关系学教学和培训而写,也可以作为在职专业人士的自修读本。新版本仍然坚持了系统性与简明性相结合的特点,并且为各类不同专业的教学留出余地:可以根据不同专业的特点,选择适当的案例作不同方面的展开。同时,书后附的试题库也是目前国内同类教科书中最充实的,很适合自学考试和岗位培训的需要。

期待着同行及读者们对这个新的版本提出新的意见。

作　者

1993年4月22日